J'avais 12 ans et j'étais résistante

JOHANNA CINCINATIS,
OLIVIER MONTÉGUT,
JOSETTE TORRENT

J'avais 12 ans et j'étais résistante

HarperCollins

HARPERCOLLINS FRANCE
83-85, boulevard Vincent-Auriol, 75646 PARIS CEDEX 13
Tél. : 01 42 16 63 63

www.harpercollins.fr

ISBN 979-1-0339-1366-5

À mon père

La fin

Pas le temps de se justifier. Elle expliquera plus tard à son enseignante les raisons de son départ, trouvera un moyen de noyer le poisson. Le cours de français peut attendre. Elle retourne en classe, attrape son cartable, tandis que Mme Prats, imperturbable, continue de déclamer la leçon. L'écolière dévale quatre à quatre les marches du collège et pousse la lourde porte d'entrée. Elle traverse, plus vite encore, le jardin situé devant l'établissement et manque de chuter sur le gravier. D'abord, se concentrer sur les étapes. L'adrénaline propulse son jeune corps. Son souffle s'accélère, les battements de son cœur et ses foulées aussi. Elle découvre qu'elle court beaucoup plus vite que ce qu'elle imaginait. Aucun scénario catastrophe ne vient encore tourner dans sa tête. Le temps est à l'action. Il faut d'abord exécuter mot pour mot les ordres répétés il y a des mois de cela. « Quelqu'un te donnera le signal, tu quitteras l'école. Tu devras faire vite. Pas d'explications. À ce stade, tout peut attendre. » Le long des platanes, au rythme des foulées, les instructions à suivre en cas d'alerte lui apparaissent très clairement. On y est.

« Tu passeras par le tunnel sous la gare pour rentrer à la maison. » Il paraît si court aujourd'hui ! Chacun de ses pas scande le silence sous la voûte. « Tu fonces, sans te poser de questions. » Plus vite. Son cœur s'emballe, lui aussi, dans une course folle. Elle voit la lumière au fond du souterrain. Le tunnel se trouve déjà dans son dos. « Tu iras récupérer ton vélo. » Virage serré à gauche. « Tu l'auras laissé devant la porte. » Ça y est, la demeure se dessine dans son champ de vision. « Pas besoin de rentrer à l'intérieur, tu m'entends ? »

Elle aperçoit le deux-roues depuis le trottoir, sort son jeu de clés emmêlées et regrette toutes ces fois où elle s'était promis de faire le tri. « Tu déverrouilles le cadenas. » *Puis il faudra que je trouve le voisin à Saint-Assiscle*, se souvient-elle. Le loquet cède. Elle dégonfle un des pneus de la bicyclette. Les mains vissées sur le guidon, elle la pousse en courant jusque chez le voisin. « Tu sais, celui qui habite dans la rue perpendiculaire ? Je te l'ai montré plusieurs fois. » La minute suivante, elle atteint la maisonnette. Elle presse le bouton métallique de la sonnette. « Tu dis que tu as crevé un pneu. Que tu as besoin d'aide car papa n'est pas là pour réparer ta bicyclette. » L'attente, et dans sa tête : « *Bonjour, j'ai besoin d'aide…* » Sa bouche est pâteuse. « *Papa n'est pas là pour…* » Quelqu'un lui ouvre. « Tu ne laisses rien paraître. » Dans sa poitrine, son cœur cavale toujours.

— Bonjour, avez-vous une pompe à vélo ? Ma bicyclette est dégonflée, et papa n'est pas là pour la réparer.

La maîtresse de maison réagit à peine. On apprend à se taire, même physiquement. Elle inspire profondément et acquiesce d'un coup de menton. *D'accord.* « Et puis tu rentres à la maison sans traîner. » L'adolescente repart avec son vélo dégonflé. Ce ne sont plus ses jambes qui la poussent, mais l'étape d'après. Quand la porte des voisins claque dans son dos, elle se trouve déjà à l'angle de sa rue. « Le plus important, c'est de faire passer le message à tout le réseau. Des gens seront en danger, tu comprends ? » *Des gens seront en danger, je sais.*

Le jardin. Prochaine étape. « Tu rentres à la maison et, cette fois, tu vas directement au potager. » Elle traverse la bâtisse pour accéder au jardinet. « Tu te souviens de la cachette ? » *Les roseaux des plants de tomates.* « Tu vas chercher les documents planqués dans les légumes. » Son chemisier d'écolière, trempé, lui colle au dos alors qu'elle s'accroupit. « Dans chaque tuteur, tu trouveras quelques pages. » La jeune fille arrache les tiges. Elle déracine toute la structure et la porte sur la terrasse. À l'intérieur, tout est là. Elle évide chacun des tubes de bois pour en sortir les preuves. Les ongles terreux. *Qu'a-t-il dit ensuite ?* Oui, l'allumette. « Tu sors les documents des roseaux, Josette. Tu sors tous les documents sans exception. Et tu les brûles. »

Du feu. Elle sait que dans le troisième tiroir du meuble à droite de la cuisinière se trouve une boîte d'allumettes. Elle en craque une sur la terrasse. Les documents sont étalés à même le sol. Elle a conscience aussi qu'au même moment, bien loin de sa ville, d'autres s'affairent à sauver les camarades. Faire disparaître les indices. Protéger les compagnons. Chaque geste compte dans cette histoire. La jeune fille approche l'allumette d'un document puis l'en éloigne. Elle caresse de nouveau le coin d'une enveloppe avec la flamme. Un papier s'embrase. Puis un autre. Tant pis pour les souvenirs. Dans ce quartier de Perpignan, sur la terrasse en pierre d'un petit pavillon, une jeune fille met le feu aux pièces à conviction. Elle recule d'un pas pour ne pas se brûler. À ses pieds, deux années de résistance partent en fumée.

1

Assise sur des valises, dans le couloir du train, je le serre contre moi. Le ventre rond, le teint pâle et les yeux écarquillés. L'air naïf, presque trop bon. Si je l'allonge, ses paupières se ferment. Sa peau lisse sent le celluloïd des jouets pour enfants. Je ne suis jamais partie sans lui. Nin, mon bébé. Le jour où nous quittons Saint-Malo avec ma mère et ma sœur, il vient avec nous. « Elles ne sont que trois », vont-ils penser. Pourtant, moi, je sais déjà que Nin sera la clé de notre salut.

J'embarque mon fidèle compagnon dans le train qui nous conduit de la Bretagne au sud-ouest de la France. Le mois de septembre 1940 est encore doux. L'impression que les Allemands sont à nos trousses depuis qu'ils ont pris Rennes le 18 juin dernier est tenace. Chaque semaine, la tension monte d'un cran. Nous recevons très peu d'informations par les canaux officiels. À la maison, maman lisait *L'Ouest-Éclair* jusqu'à ce que le journal cesse de paraître au début de la guerre. La radio nous informe sur les bombardements et sur l'avancée de l'armée allemande, avec toujours un temps de retard. Pas besoin des informations pour savoir que l'ennemi a encore frappé. Nous sommes les premiers témoins du chaos. Tout ce que nous apprenons de vraiment utile vient de rumeurs, de la-voisine-du cousin-du-coiffeur-qui-a-vu-que… Que l'accès à l'électricité est sur le point d'être restreint. Que les denrées alimentaires vont se raréfier. Qu'il faut faire des réserves. On entend tout et n'importe quoi. À l'école, les copains disent qu'ils vont déménager, sans trop savoir vers où. En Provence pour certains, en Amérique pour d'autres.

La guerre, comment dire ? Elle s'installe. D'abord de manière insidieuse, puis, du jour au lendemain, elle débarque dans notre quotidien. Nous recevons des tickets de rationnement grâce au Ravitaillement général. On nous distribue aussi des bons pour les vêtements et les chaussures, les pneus de vélo et la nourriture. Faut voir les queues devant les boutiques ! Ma mère m'explique qu'il faut faire attention à nos dépenses maintenant. « On n'a pas besoin de chocolat, repose-le, Micheline. » Alors ma sœur repose le chocolat, sans même chouiner. Même elle a perdu le goût de la négociation. Les conversations se font de moins en moins légères, les placards, de moins en moins remplis. Voici déjà deux mois que la *Wehrmacht* est entrée dans Saint-Malo sur fond de bruit de bottes. À croire qu'elles sont conçues pour résonner particulièrement bien sur le sol français. Je revois, cet été, les troupes nazies franchir les remparts de la vieille ville. Des frissons, une envie de vomir. Ils sont entrés en chantant. J'y étais. J'avais caché ma colère dans la cape d'infirmière de ma mère.

Alors que je viens de souffler ma dixième bougie, l'armée allemande installe des canons sur les fortifications du centre historique. Fini les balades le long des murailles. Les touristes ont déserté. Même les locaux ont quitté les terrasses des crêperies. Depuis leur arrivée, il n'est pas rare de croiser des soldats en armes en plein cœur de la ville. De nouveaux rituels se sont mis en place. Courir au moindre sifflement. S'abriter à la cave. Se taire. Attendre. En boucle. Nous, les enfants, prenons l'habitude de partir pour l'école avec un masque à gaz sous le bras. On nous a montré comment l'enfiler et serrer la sangle autour de la tête. On a vu plus confortable comme couvre-chef.

Thérèse, ma mère, ne travaillait pas avant la guerre. Elle s'occupait de ma sœur et moi, et c'était déjà quelque chose ! Pour nous faire plaisir, elle nous emmenait souvent à la plage après l'école, avec Marie-Jo et son fils, Michel-Yves. Elle et ma mère ne se quittent jamais d'une semelle. Lui est devenu mon allié au club de gym. Les copines disent que je suis amoureuse de lui. Probable. Dès 1939, la France a besoin de petites mains pour s'occuper des blessés de retour du front. Le service de santé des armées recrute les femmes volontaires. Engagées par la Croix-Rouge, les bénévoles soignent les soldats qui reviennent dans un état que je ne souhaite à personne. Ma mère rentre vidée, le soir, éreintée par le travail auprès des malades. Elle ne dit rien, mais je vois bien que la lumière s'est éteinte dans ses yeux. Je dois me débrouiller avec ma sœur, la récupérer à l'école, préparer le goûter, dire non au chocolat. « Repose-le, Micheline. »

Michel, mon père, a été mobilisé dans l'Est en septembre 1939. Nous menons désormais notre vie sans lui. À Saint-Malo, il travaillait comme étalagiste-décorateur pour les magasins Saint-Rémy de Bretagne. À la fin de ses longues journées enfermé dans la boutique, il venait me chercher à la maison pour m'emmener à la pêche. La pêche avec mon père, ça vous faisait tout oublier, même les Boches. On rigolait tant que j'en avais des crampes au ventre. Chaque jour, j'en apprenais un peu plus : sur les poissons, les voiliers, les points cardinaux. Sur ces marins qui, tous les ans, partaient pêcher la morue à Terre-Neuve, avec l'évêque qui bénissait leurs bateaux. « Encore ces curetons », disait mon père. Chez les Torrent, on n'aime pas vraiment l'Église catholique.

Depuis le départ de papa, nous correspondons par courrier. Ça nous donne l'impression de remplacer les vrais moments par du blabla. Ma foi, c'est mieux que rien. Toutes les semaines, il m'écrit une lettre. Et toutes les semaines, je lui réponds. Il me pose des questions sur les cours de ballet, les bêtises de Micheline. « N'oublie pas de veiller sur ta mère », ajoute-t-il toujours à la fin. Je raconte l'école, le piano, les nazis. Le bruit des bottes, c'est tout de suite moins drôle par écrit. Je recrée un quotidien sans lui, sans la pêche, sans les gâteaux aux pommes et sans les « bouses de vache » dont on s'empiffrait aux fêtes de village. Sans les longues promenades, perchée sur ses épaules. Et sans les cours de gym qu'il donnait aux jeunes garçons et auxquels j'avais le privilège de participer alors que j'étais la seule fille de la bande. C'est ça, mon père.

En juillet 1940, papa m'apprend par courrier qu'il est démobilisé dans le Sud. Il est parvenu à gagner Perpignan, où nous avions vécu avec nos grands-parents avant de partir pour la Bretagne. La France a perdu, l'Allemagne a gagné, les Boches vont rester... Et nous, alors ? « Mes chéries, il est temps que vous me rejoigniez maintenant. Où en est la demande d'*Ausweis ?* Thérèse, as-tu obtenu le laissez-passer ? » Ma mère nous explique que, pour passer en zone non occupée, il faut obtenir ce document au nom imprononçable et qu'on ne délivre pas à n'importe qui. Alors elle entreprend toutes les démarches auprès de la *Kreiskommandantur* de Saint-Malo, et nous nous mettons à guetter quotidiennement l'arrivée du facteur dans l'espoir de recevoir le précieux sauf-conduit. « Alors ? », me demande ma mère tous les soirs en revenant de l'hôpital, à peine la porte refermée. Alors, pas de nouvelles. À force, elle ne me regarde même plus faire non de la tête. Mon silence l'oblige à attendre le lendemain.

Micheline et moi partageons la même chambre, mais c'est vraiment tout ce qu'on a en commun. Depuis que j'ai la charge de ma petite sœur, elle est passée maîtresse dans l'art de me faire perdre mes nerfs. C'est dingue ce qu'elle peut être inventive. Je me rappelle ce jour où ma mère nous avait appris à faire de la confiture. Elle avait quitté la maison quelques instants, le temps de récupérer je ne sais quoi chez la voisine. « N'y touchez pas tant que je ne suis pas là ! » Et qui de nous deux avait fourré ses sales pattes dans les pots stérilisés qui refroidissaient ? En plus, elle avait eu le culot de dire que c'était moi ! La baffe sur ma joue était proportionnelle au bazar que ma sœur avait laissé dans la cuisine. « Avec moi, tu ne veux jamais t'amuser, Josette. »

Avant d'aller se coucher, maman vient toujours nous embrasser. J'attends qu'elle aille dormir pour fermer les yeux. Papa dit qu'il faut bien que quelqu'un surveille la famille, maintenant qu'il est loin. Un soir, j'entends ma mère poser un baiser sur le front de Micheline. Comme si elle savait que nous ne dormions pas encore, elle chuchote :

— J'ai peur qu'à l'automne il soit encore plus compliqué de partir, les filles. Il faut nous préparer à quitter Saint-Malo très bientôt.

— L'automne, c'est dans deux semaines, maman.

— Justement.

2

La décision est prise dès la semaine suivante. Chez les Torrent, quand on dit, on fait. Depuis quelques jours, des gens entrent chez nous puis en ressortent les bras chargés. Ils nous débarrassent des quelques affaires que ma mère a mises en vente. Une petite annonce dans le journal, et la table basse disparaît. Un jeune couple débarque, et la vaisselle s'en va. Des assiettes, des verres, des couverts qui vont servir une autre famille, dresser une table qui n'est pas la nôtre, nourrir des bouches inconnues. Dans l'entrée, ma mère a rassemblé des vêtements dans un grand sac de jute. Des affaires en vrac, une ou deux laines, un veston. En cas de fouille, mieux vaut partir léger.

Un matin, tôt, ma mère s'agite, traversant le couloir dans un sens puis dans l'autre, passant du salon à la cuisine, de la cuisine au salon.

— Tu as perdu quelque chose, maman ?

— Non, mais dépêche-toi, Josette. Prépare tes affaires.

— Ça y est, on s'en va ?

— Prends le minimum, pas de valise. Je m'occupe de Micheline.

Parfait, je ne comptais pas le faire ! Ma sœur emporte Oscar, son ours en peluche, et je prends Nin. Nous partons rejoindre papa.

Alors c'est comme ça, en 40 ? Un soir on dit « Bonne nuit », le lendemain, on traverse la France en train pour aller on ne sait où. Mieux vaut aimer l'aventure car, là, rien n'est écrit. Pas même les numéros de siège : à ce stade, ma mère ignore si nous trouverons une place à bord du train. Nous sommes habillées comme en plein mois de janvier pour éviter d'avoir à transporter nos vêtements d'hiver. Coiffées d'un béret, enveloppées dans des écharpes, nous prenons le chemin de la gare comme des fugitives. Alors que le soleil d'automne montre déjà son nez, ma mère a enfilé son long manteau beige, qu'elle ne veut pas laisser à Saint-Malo. Même dans la hâte, elle reste élégante. C'est ça, ma mère.

Nos meubles, nos habits, nos jouets : nous laissons derrière nous tout ce qui n'a pas trouvé preneur. Y compris Rex, mon chien. Nous le confions aux propriétaires de la maison dans laquelle on vit. Dans laquelle on *vivait*. Je caresse son museau et l'embrasse près de l'oreille, je renifle une dernière fois son odeur. Je lui fais un petit signe de la main, m'essuie les yeux avant de refermer le portillon. Il ne doit pas comprendre grand-chose à toute cette agitation. Au moins, on est deux.

Bien qu'on ne leur ait jamais vraiment parlé de notre projet de départ, Marie-Jo et son fils ont tenu à nous accompagner. Michel-Yves et moi marchons en silence pendant les dix longues minutes que dure le trajet. Qu'est-ce qu'on pourrait bien se dire ? « À bientôt » ? Devant la maison, il y avait une sécherie de morues, reliée à la ville par un chemin de fer. Elle est fermée maintenant. Je me souviens des poissons suspendus comme du linge. Quand je partais me promener dans le quartier, j'adorais emprunter cette voie pour sautiller sur les traverses, deux à deux puis trois à trois. Nous longeons les rails. La gare se dessine devant nous. C'est le moment de faire comme si rien n'était triste, alors que tout l'est.

— Tatie, vous me garderez Josette, lance Michel-Yves à ma mère sur un ton inquiet.

— Toi aussi, fais attention à toi, je réponds. De toute façon, on se retrouve dans quelques mois.

— C'est promis. En attendant, tu m'écris.

— C'est promis.

Ma mère dit au revoir à son amie.

— Vous avez de quoi faire, Thérèse ?

Marie-Jo s'inquiète toujours pour les sous. Elle glisse discrètement un billet dans la main de ma mère.

— Tu embrasseras Michel pour moi.

Nous ne partons pas les mains vides, heureusement. Mes parents avaient un peu d'argent, avant tout ça. Papa était parvenu à mettre de côté l'équivalent de plusieurs mois de salaire grâce à son travail à la boutique. « On ne sait jamais », disait-il à ma mère, le soir, dans la cuisine. On ne sait jamais quoi ? Si le pays voisin ne va pas décider de vous déclarer la guerre ? Ma mère a appris par des rumeurs qu'il faut veiller à planquer ses sous. C'est aussi ce que disent les passagers dans la queue avant d'entrer dans les wagons. « Ils fouillent tout et tout le monde... » On n'emporte déjà rien et, même ça, ils peuvent vous le prendre. Voilà comment ça se passe ! Des années pour s'installer dans une nouvelle vie, une nouvelle ville. Se faire des copains, rencontrer des copines. Trouver le meilleur artisan glacier, battre des records à la gym. Faire connaissance avec les voisins, passer des dimanches en famille. Et puis, un jour, tout s'arrête.

Ma mère tente de cacher des pièces et des billets dans nos chaussures. Comme si ça allait passer ! Micheline n'arrive même pas à fermer les siennes. Je remets mes souliers, et maman appuie sur mes chevilles pour tasser les liasses sous mes pieds.

— On n'y verra que du feu les filles. Allez ! Avancez, pour voir.

— Ça me fait mal, pleurniche ma sœur.

C'est vrai qu'elle a la démarche encore plus gauche, avec des francs sous les semelles... Agacée, ma mère se penche pour récupérer nos économies. Je la regarde s'agiter, de plus en plus nerveuse, palpant ses hanches à la recherche d'une cachette. Une doublure, une poche secrète.

— J'ai une idée, maman. Donne.

Dans le train, personne ne parle. Pas même Micheline qui s'est lovée contre la poitrine de maman. « Josette, tu n'as qu'à te mettre là, tiens-toi bien. On va démarrer. » Elle m'indique la pile de valises rassemblées dans le couloir entre les compartiments. Chaque fois que les portes du wagon s'ouvrent, je la vois qui se cambre, inquiète. Elle guette les allées et venues de ceux qui fuient, ces familles qui attendent de se retrouver enfin, ces mères qui lui ressemblent, leurs enfants à bout de bras, vêtus comme en hiver, bonnets et écharpes sur la tête. Tout nous pèse. J'observe le flot de passagers qui traversent les rames. Je ne vois que leurs pieds. Des mocassins, des sandales, des escarpins, des bottes. Soudain, le pas est ferme, le cuir brillant. Les Allemands sont à bord. On dirait qu'on ne leur a pas appris à dire bonjour ni merci. La fouille va commencer. Il faut ouvrir tous les sacs, vider les poches, présenter les valises. Arrivés à notre hauteur, deux officiers se penchent sur notre cas.

— C'est quoi dedans ? Ouvrez, *jetzt*.

Tout en restant calme, ma mère attrape le sac en toile, dénoue les anses et en présente le contenu aux Allemands. L'un des deux lui arrache le tissu des mains et renverse le tout à mes pieds. Rien. Ils nous rendent la toile de jute, déçus. Nos quelques vêtements sont éparpillés sur le sol. Ils tournent les talons sans nous adresser un regard et poursuivent l'inspection des autres compartiments. Sous ma chemise, une goutte de sueur coule le long de mon dos.

Je serre fort contre moi mon poupon, la seule chose que j'aie emportée de Saint-Malo pour ce long voyage. Il est aussi lourd qu'un vrai bébé, les couches sales en moins. Nin est une poupée rondelette dont les bras, les jambes et la tête sont assemblés par des élastiques. En soulevant sa bouille, on accède à l'intérieur du corps en plastique. Au début, sur le quai de la gare, ma mère ne me faisait pas confiance. Fourrer des centaines de francs dans le ventre d'une poupée ! « M'enfin, Josette, tu es ridicule. » Pourtant, faute de mieux, dans l'urgence, elle s'est laissé convaincre. Après tout, qui irait soupçonner le jouet d'une fillette ? Quand les Allemands quittent le wagon, ma mère me lance un clin d'œil complice. Le train va démarrer.

3

Il faut toute une journée pour effectuer le trajet vers le Sud. Dans la rame, nous suffoquons. De temps à autre, un fin courant d'air filtre à travers les fenêtres entrouvertes. Les gens se bousculent et manquent plusieurs fois de nous piétiner. Ma mère, qui lutte contre le sommeil, m'a rejointe par terre. On n'entend que le crissement des rails, un bébé qui chouine et Micheline qui bougonne. Moi, je n'émets pas un son. Bordeaux sera notre première destination. Il faut ensuite changer de train pour gagner Langon, point de passage entre la zone occupée et la zone non occupée. Ensuite, un dernier train nous mènera jusqu'à Gourdon, dans le Lot, avant de retrouver pépé Colomines à Masclat. Il s'y est installé au début de la guerre. « Vous passerez la ligne de démarcation », a indiqué papa. Je n'ai pas bien compris de quoi il s'agissait. J'ai imaginé un tracé à la craie comme on en fait pour la marelle. Apparemment, au-delà de cette ligne, tout va mieux.

La Bretagne et bientôt toute la côte atlantique défilent sous nos yeux. Le Sud me paraît encore si loin ! Maman dit qu'il faudra six heures pour arriver à Bordeaux. Le paysage change au fur et à mesure qu'on avale les kilomètres. Les souvenirs de Saint-Malo s'éloignent aussi vite que disparaissent les plaines vendéennes. Je pourrais profiter du spectacle si la température ne grimpait pas autant, dans ce couloir où nous sommes entassées.

— J'ai trop chaud, se plaint Micheline.

Quarante-huit, quarante-neuf, cinquante. Je tue le temps en comptant les pylônes électriques qui bordent la voie ferrée.

Franchir la frontière implique de présenter le fameux sauf-conduit. C'est à Langon qu'ils contrôleront nos papiers. « Vous ne risquez rien jusqu'à Bordeaux », a assuré papa dans son dernier courrier. Bien, et après ? Nous n'avons toujours pas reçu de laissez-passer depuis la dernière requête de ma mère à Saint-Malo, mais elle s'est mis en tête qu'on partirait quand même. Soit. Papa doit nous attendre avec impatience.

Le train ralentit, nous arrivons en gare et, déjà, les passagers se pressent devant les portières pour sortir. Dans un ballet silencieux, tout le monde ramasse ses maigres affaires. À ce stade du voyage, on dirait que c'est chacun pour soi. Personne ne se regarde, comme s'il fallait rester discret. On a tous quelque chose à cacher.

À peine descendues du train, nous cherchons une boîte aux lettres pour y déposer une nouvelle demande d'*Ausweis*. La gare fourmille. Les gens courent, bagages et bébés sous les bras. L'agitation résonne sous la gigantesque verrière de Saint-Jean qui nous protège des rayons du soleil. Les agents sur les quais sont pris d'assaut par les voyageurs.

— Ma tante doit arriver du Havre, savez-vous si son train a eu du retard ? Nous n'avons pas de nouvelles !

Qu'est-ce qu'il peut en savoir, le bonhomme, du train de sa tante ? Des bébés crient dans leur landau. Des papas crient après leur épouse. Les guichets débordent de passagers agacés qui tentent d'obtenir un ticket pour la zone non occupée alors que les places se font rares. Nous sommes là, nous aussi, à regarder cette pagaille sans savoir comment tirer notre épingle du jeu. On dirait que la moitié du pays a eu la même idée ! Il n'y a plus qu'un train qui assure la liaison Bordeaux-Langon ce soir, et il affiche déjà complet. Or, à l'automne 1940, chaque jour compte.

Du menton, ma mère m'indique la boîte aux lettres.

— Va porter le courrier, Josette, je garde Micheline et les affaires.

Encore pour ma pomme, on dirait ! De part et d'autre du caisson en métal, deux officiers allemands montent la garde, surveillant je ne sais quoi. Pendant que ma mère et ma sœur m'attendent, je fais quelques pas en direction de la boîte aux lettres, sous leur regard inquiet. L'entreprise me paraît plutôt mal engagée car je suis trop petite pour atteindre la fente. Sur la pointe des pieds, j'étire mon bras jusqu'à me faire mal aux tendons, je sautille pour gagner quelques centimètres… En vain.

J'ai beau lancer un air désemparé à ma mère, elle me renvoie un visage agacé. Je l'entends souffler jusqu'ici. La seconde suivante, voici qu'elle écarquille les yeux et se fige. Mes pieds quittent le sol. Deux mains me serrent les hanches et portent mon regard jusqu'au niveau de la fente. Je jette un coup d'œil par-dessus mon épaule. L'Allemand qui me soulève fait mine de me presser en rouspétant. J'insère l'enveloppe dans la boîte. Il me repose, et je me mets à courir en direction de ma mère. Malgré la courte distance, je suis hors d'haleine. Je me retourne, ils ont repris leur posture ridicule.

— Venez les filles, on y va.

J'attrape la main de ma mère, qui tient Micheline de l'autre, et la serre très fort. Je frotte nerveusement ma chemisette froissée par l'officier. Je n'en ai qu'une, il aurait pu faire attention… Je sens encore ses grandes paumes me serrer les côtes. Qu'est-ce qu'il fait chaud dans cette gare, d'un coup ! Je lance un dernier regard aux officiers. L'homme échange quelques mots avec son collègue, le regard fixé au loin. Nous nous dirigeons vers le centre-ville à la recherche d'un hôtel. Demain, il faut absolument prendre le train pour Langon. Papa attend et, chez les Torrent, on n'aime pas attendre.

4

Sans surprise, le sauf-conduit n'est jamais arrivé. Les chances pour qu'une demande soit traitée en vingt-quatre heures sont minces. Mais qu'importe. Nous prenons le risque et montons dans l'un des trois trains qui part pour Langon, dernière étape avant la liberté. Le trajet est court, mais l'enjeu est grand : une fois là-bas, tous les passagers tenteront, comme nous, de traverser la ligne de démarcation.

Pour passer en zone non occupée, nous devons réussir à monter dans l'unique train à destination de Gourdon. Départ : 12 h 27. Il est facile de faire la différence entre ceux qui passeront la ligne et ceux qui resteront à quai. Tout est une question d'attitude. Les portières sont gardées par des agents qui ne laissent monter que ceux qui possèdent les bons documents. Certains voyageurs supplient les contrôleurs, prétextant que leur famille se trouve à bord :

— Ma nièce est juste là, en voiture douze !

Une poignée obtient gain de cause, mais, pour la plupart, c'est un échec. Il faudra attendre le prochain véhicule, s'il arrive. Au début du quai, des agents ont installé des barrières de sécurité pour empêcher de nouveaux voyageurs d'affluer. Ma mère s'agite comme une poule sans tête pour trouver une bonne âme qui nous laissera embarquer.

— Écoutez, mon mari est dans le Sud. Je suis avec mes deux filles. Nous ne prendrons pas de place.

L'agent ne bronche pas. Bien essayé, maman. Nous marchons jusqu'au dernier wagon. En quelques secondes, la plate-forme s'est vidée. Ce serait le moment idéal pour se faufiler dans le train. Ma mère jette un œil autour d'elle : personne. On siffle le départ. Maintenant ou jamais ! Mince ! Un Allemand court dans notre direction. C'est raté. Il va falloir franchir la ligne de démarcation à pied. Le type se met à mouliner des bras.

— *Los !* Montez !

Comment ça, « montez » ? L'officier nous pousse à l'intérieur de la rame, les portes se ferment.

J'ignore ce qu'il lui a pris. Pourquoi nous ? Est-ce que lui aussi a une femme et deux filles qu'il se languit de retrouver ? Le train démarre direction le Lot. La zone non occupée. Sur le quai, un couple de retardataires nous regarde partir, des valises à leurs pieds. Ceux-là n'ont pas eu notre chance.

Désormais, même sans *Ausweis*, nous ne risquons plus grand-chose. Une fois passé la ligne, les contrôles se font rares. Nous nous installons toutes les trois entre deux compartiments, et maman s'endort, adossée à la paroi sous la fenêtre. Je peux enfin baisser la garde.

5

De Gourdon, nous prévoyons de nous rendre à pied jusqu'à Masclat, où vivent mes grands-parents. Presque trois heures de marche, autrement dit une vie à ce stade de fatigue. D'autant que ma mère ne connaît pas l'adresse exacte et s'attend à ce qu'on ait la chance de tomber sur la maison. Un pari risqué, mais pas impossible vu le pot que nous avons eu depuis Saint-Malo ! Quand mon grand-père et sa nouvelle femme se sont installés dans le Lot, nous commencions à peine à prendre nos marques en Bretagne et nous n'avons pas vraiment suivi les événements.

— Papa m'a dit de nous éloigner de la Dordogne. C'est au sud du fleuve, je crois.

Une intuition qui lui donne raison quand nous croisons un maraîcher sur sa carriole.

— Bonjour, nous cherchons M. Colomines. Vous ne sauriez pas où il habite, par hasard ?

— M. Colomines, le coiffeur ?

— Lui-même !

— Ah bah, si ! Bien sûr ! Allez, venez, je vous y conduis. C'est pas tous les jours qu'il reçoit de la visite, Colomines !

À peine nous a-t-il assises sur sa charrette que le brave homme lance sa monture. Nous voilà projetées contre la banquette qui n'est pas la plus confortable de l'histoire des banquettes… Micheline et moi ne pipons mot, trop occupées à nous accrocher aux panneaux de bois branlants qui nous préservent de la chute.

— Et alors ? Vous venez d'où comme ça ?, demande notre chauffeur en roulant les *r*.

Entre deux secousses, je découvre le Lot, qui ne ressemble à rien que je connaisse mais qui me plaît beaucoup avec ses pigeonniers en bordure des routes vallonnées. J'ai une faim de loup. Nin doit avoir soif, lui aussi. Le soleil a déjà entamé sa descente. Quelques nuages lui barrent la route de temps à autre et soulagent mes yeux fatigués. Je sens mes doigts de pieds gonfler de douleur alors que le bonhomme à l'épi de blé coincé entre les dents débite quelques lieux communs. Il bavarde dans un patois chantant, à des kilomètres de l'accent breton. Le monsieur connaît bien pépé Colomines car celui-ci est devenu coiffeur ambulant dans la région, au début de la guerre.

— Il en a coupé des mèches, si vous saviez. Regardez la mienne ! dit-il fièrement.

Au rythme bringuebalant de la charrette, sur le sentier sinueux en direction de Masclat, le maraîcher se livre à nous, raconte les gens qu'il croise sur la route, les tickets de rationnement et les files interminables devant les magasins pour le moindre morceau de pain. Ici aussi, alors.

Au crépuscule, notre chauffeur nous annonce que le trajet touche à sa fin. Du moins, pour aujourd'hui. Le monsieur nous laisse devant une grande bâtisse de pierre qui trône au bout d'une cour de graviers. À notre arrivée, c'est l'heure du dîner.

— Papa !

Des retrouvailles à la hauteur des attentes, pour ma mère. Sans nous lâcher, ma sœur et moi, elle nous entraîne dans une course qui nous mène droit aux bras de pépé. Il referme son étreinte sur nous. Nous restons blotties un instant pour savourer cette tendresse tant méritée. La chaleur, l'épuisement... mais qu'importe, au fond. Sous la lueur du perron, nous commençons à rapiécer le tissu familial. Une larme de ma mère me mouille la joue.

— Vous devez être mortes de faim, asseyez-vous sur la terrasse, il y a de quoi souper.

La voix de Germaine défait notre étreinte. Je ne la connais pas très bien, mais sa présence m'est chaleureuse. Tout en elle est rond : sa voix, ses mains, ses yeux. Une belle grand-mère qui manifeste son amour par plus d'attentions encore que si nous partagions un lien de sang. Son visage sourit. Elle prend Micheline dans ses bras et nous débarrasse de nos quelques affaires qu'elle va poser à l'intérieur. Pépé nous indique où nous asseoir et remplit nos assiettes d'un ragoût encore tiède. La première bouchée fait l'effet d'un baume sur mon estomac vide.

— Je commençais à m'inquiéter, Thérèse, confie pépé en portant un verre de vin à ses lèvres.

Ils échangent à demi-mot, tandis que Germaine tente de distraire Micheline. Entre deux bouchées, elle lui montre les papillons de nuit autour de la lampe à huile qui éclaire la table. Moi, je me concentre sur l'échange entre pépé et maman, forcée parfois de lire sur leurs lèvres.

— Nous avons manqué le premier train, souffle ma mère. Et heureusement d'ailleurs, parce que nous ne serions jamais arrivées jusqu'à Bordeaux.

— Comment ça ?

Elle jette un œil furtif dans ma direction pour s'assurer que je n'écoute pas. Je fais mine de m'appliquer à découper une pomme de terre.

— Il a été bombardé en gare de Rennes. Aucun survivant.

Pépé Colomines interrompt le silence en tapant des deux mains sur la table et se redresse.

— En tout cas, vous pouvez rester ici le temps qu'il faudra. Le maraîcher du village a besoin de quelqu'un dans son exploitation, ça pourrait te permettre de gagner un peu d'argent, Thérèse.

— On n'est pas à plaindre. J'ai emporté quelques économies, réplique ma mère en me désignant du menton.

Je m'autorise cette fois à lever la tête. Mon grand-père fait les yeux ronds lorsque je pose Nin sur la table, mon poupon qui était installé jusqu'alors sur mes genoux. Je le secoue doucement, pour ne pas le brusquer. On entend le bruit sourd des liasses de billets et de quelques pièces qui rebondissent dans son ventre. Pépé sourit.

— *La meva princesa.* Tu es surprenante !

Cela m'avait manqué, que pépé Colomines me parle catalan.

— « Parlez propre, parlez français », qu'il dit, Franquito !

— Qu'est-ce que ça veut dire ?

— En Catalogne, on n'a plus le droit de parler notre langue, maintenant, ma chérie.

— *Franco no es aquí*, pépé.

Tandis qu'il éclate de rire, ma mère me prend doucement la poupée des mains.

— Ne fais pas cette tête, Josette, je ne vais pas le manger. Tu sais bien qu'on ne peut pas laisser cet argent éternellement là.

Elle soulève délicatement la tête de Nin et glisse sa main à l'intérieur du petit corps dodu. Impossible d'en retirer quoi que ce soit ! Autour de la table, le spectacle inquiète. Elle s'échine en rouspétant, avec des gestes devenus brusques. En désespoir de cause, elle finit par me rendre le poupon et m'intime d'essayer à mon tour. Mes petites mains n'ont pas plus de succès. J'ai beau glisser mes doigts dans son ventre, gratter avec le bout de mes ongles pour récupérer les sous, je n'ai aucune prise. Micheline tente aussi, rien à faire. J'attrape un couteau fin pour faire levier, en vain.

— J'ai de bons outils, moi. *Espera una minuta.*

Pépé Colomines, coiffeur aguerri, suggère qu'on utilise une lame de rasoir. Il se lève et quitte la terrasse tandis que Germaine s'approche de moi et me prend par les épaules. Je me dégage de son étreinte. La douceur, ce n'est pas pour maintenant. Nous restons assises, silencieuses, à guetter les pas du patriarche. Il revient quelques secondes plus tard avec du matériel tranchant, une lueur de fierté dans le regard.

Sous mes yeux, il incise d'un geste chirurgical le ventre du poupon. Mon cœur se serre tant que je l'entends presque manquer un battement. Il y aurait eu mille autres manières de récupérer les sous ! Mon ingéniosité me coûte décidément plus cher que prévu. Nin était un cadeau de papa, offert peu de temps après notre arrivée à Saint-Malo. Nous vivions dans un appartement atrocement vide, et je n'avais pas grand-chose pour m'occuper. Alors, un soir, en rentrant du travail, mon père me l'avait rapporté d'un magasin du centre-ville. On avait choisi son nom ensemble. Pépé n'en a visiblement que faire.

— On t'en rachètera un, Josette, tente ma mère en voyant mes yeux briller.

6

Je ne me rappelle même pas la dernière fois que j'ai passé du temps avec pépé Colomines. Sans doute quand mes grands-parents habitaient encore à Perpignan. La maison à Masclat appartient à Germaine. Avec le temps et les intempéries, la pierre a pâli, mais les poutres de bois lui donnent toujours fière allure. Pépé raconte que, l'été, le soleil sublime la façade, offrant un paysage chaleureux.

— L'hiver, il faut aimer la grisaille, précise-t-il.

Un point commun avec la Bretagne, alors. La bâtisse comporte une pièce principale, assez vaste, avec une immense cheminée. Le salon donne ensuite sur trois chambres. Au fond du séjour, une porte conduit au jardin que les oies et les canards se partagent avec la vigne qu'entretient mon grand-père.

— *Viens Poupoule, viens Poupoule, viens...* Germaine, pourrais-tu m'apporter la scie à bois ?

— Oui... quand tu me ficheras la paix avec tes envolées lyriques.

— *Quand j'entends des chansons, ça me rend tout polisson...*

Lorsque Pépé a les mains dans la terre, il a besoin de s'occuper l'esprit.

Les jours qui suivent notre arrivée dans le Lot nous permettent de prendre un peu de repos. Chaque matin, nous partons nous promener et poussons parfois l'escapade le long de la Dordogne. Au retour d'une de nos balades, je retrouve mon grand-père tout beau, tout propre, après sa session quotidienne de jardinage. Il se passe un dernier coup de peigne devant la glace de l'entrée. En le regardant faire, je songe que ma mère a de qui tenir son sens de l'élégance. Mon grand-père a toujours la moustache finement rasée, le cou parfumé, les ongles soigneusement limés. Côté capillaire, il fait comme il peut pour résister au passage du temps. Sur son crâne dégarni trône une dernière mèche de cheveux, plaquée à la gomina. Je lui propose de la peigner, sachant parfaitement qu'il ne me refuse rien. Pépé s'assied sur un fauteuil du salon.

— Viens, *meva princesa*. Fais doucement avec ma mèche. Il me reste si peu de cheveux, je ne voudrais pas les perdre tous.

Ce serait le comble pour un coiffeur ! Je le peigne avec amour pendant qu'il me raconte ses histoires de jardin et de mauvaises herbes que je n'écoute que d'une oreille. Emportée par ce moment de complicité, je suis prise d'un soudain élan créatif : je vais boucler sa mèche, ce sera joli, tout de même ! Je l'enroule donc autour du peigne, prête à tirer dessus pour lui insuffler un mouvement ondulé.

— Aïe, tu me fais mal !

— Mais c'est pour faire une boucle, pépé, regarde !

Mauvaise idée. Je n'arrive plus à retirer le peigne, j'ai coincé les cheveux entre les dents. Mon grand-père s'agace, me prend l'ustensile des mains tout en veillant à ne pas s'arracher le crâne. Maman et Germaine, qui ont entendu le ton monter, nous rejoignent pour essayer de dénouer l'affaire. Peine perdue ! Le métal et les cheveux de Pépé ne font plus qu'un.

— Va me chercher les ciseaux, Germaine, foutu pour foutu.

Une mèche de cheveux en moins contre un poupon éventré. On dira qu'on est quittes.

Au bout d'une semaine, nous envisageons de reprendre la route. Ici, à Masclat, nous avons réappris à dormir, à manger, à jouer sereinement. Le temps a semblé ralentir. Mais le moment est venu de rejoindre papa. La perspective de me percher à nouveau sur ses épaules me met au comble de l'excitation. Ma mère l'a averti de notre arrivée dans le Lot, il nous sait désormais plus proches de lui et nous attend à Perpignan, dans l'ancienne maison de pépé Colomines. Après de longues embrassades avec mes grands-parents, le même bonhomme en charrette nous ramène à la gare de Gourdon, où nous embarquons dans un train pour les Pyrénées-Orientales. Fini les contrôles sur le quai ! La « zone nono » – comme dit pépé – est un espace où on peut respirer librement, regarder sans trembler les paysages qui se déploient tout au long du voyage. Des platanes défilent comme une pellicule, image par image. Dans le wagon, les gens discutent, mêlant les accents du Sud-Ouest à ceux de la Méditerranée.

Perpignan ne sera, sans doute, qu'une étape parmi d'autres. Deux ou trois ans, tout au plus, et nous pourrons retrouver Saint-Malo, les palets bretons et les cours de gym avec papa. En fermant les yeux très fort, je peux encore sentir le goût du beurre salé, entendre un accord au piano que je viens juste d'apprendre.

— Reviendra-t-on chez nous après la guerre ?

— Je n'en sais rien, Josette, répond maman.

Bon, j'ai appris à ne plus poser de questions. Je me laisse porter par les décisions des adultes. À ce rythme-là, la vie risque de se limiter bientôt à manger, dormir, attendre, rire peu et se taire souvent. Est-ce que le rêve est interdit depuis juin 1940 ? Cela ne fait pourtant pas partie des produits rationnés.

— Josette ! Prends tes affaires, nous sommes arrivées.

— Déjà ? Et papa alors ?

Je ramasse mon sac à mes pieds, mon manteau d'hiver encore sur le dos. Le train ralentit dans un crissement en faisant son entrée dans la capitale catalane. Les passagers se précipitent hors des compartiments en direction des portières. Moi, je grimpe sur le siège et me tiens sur les genoux, les mains accrochées au dossier pour ne pas perdre une miette du spectacle.

C'est alors que je le vois. Il marche au même rythme que le train. Ou bien c'est nous qui le suivons au pas. Son regard scrute les wagons à mesure qu'ils avancent. Il porte une chemise en coton épais, surmontée de bretelles marrons sur un pantalon ocre. Alors que le train s'arrête, je me faufile entre les jambes des passagers pour descendre la première. Papa s'accroupit sur le quai en me voyant courir jusqu'à lui. Je me jette contre son buste et rebondis sur sa poitrine, manquant de nous faire tomber tous les deux. Ses bras se referment autour de moi. Nous nous embrassons de longues secondes qui me semblent trop courtes.

Je ne sais pas par où commencer. Je lui raconte le voyage depuis Saint-Malo. Le sauf-conduit à Bordeaux, les Allemands et la boîte aux lettres, le type sur sa charrette, le poupon éventré.

— Ta poupée ? Nin ? Il n'a pas fait ça, pépé !

Je m'emmêle dans mon histoire, confondant les trajets en train, les gares et les jours.

— Tu as été très courageuse durant ce long voyage.

Une phrase comme celle-là, ça vous donne de la force. À Perpignan, pas un Boche dans les rues.

— Tu te souviens de Saint-Assiscle, Josette ?

— Là où habitait pépé ?

— Oui, derrière la gare. On va s'y installer. Il n'y a pas grand-chose pour l'instant, mais on y sera bien. Et puis tu as toujours ta chambre chez papi Pierre et mamie Rosine, juste à côté.

Je ne me souviens pas beaucoup du quartier, ni de la ville d'ailleurs. Quelques images d'une enfance heureuse dans la maison de papi et mamie, mes grands-parents paternels. Les cousines Fine et Rosette qui me prenaient pour leur poupée, papa qui me bordait le soir. Mes nuits étaient plus paisibles qu'aujourd'hui, pour sûr. J'avais quatre ans quand nous avons quitté la région pour la Bretagne, emportant avec moi les sonorités du catalan, un goût pour les panellets et quelques livres de la Bibliothèque verte que papa me lisait le soir. Pas les romans à l'eau de rose, non, mais ceux de cape et d'épée !

— L'école Sévigné sera très bien, les filles. Elle est juste à côté.

La promesse d'une vie simple. Une histoire qui finit bien, en somme.

7

Je rencontre les enfants du coin. Ils ne connaissent pas Saint-Malo, mais ils savent jouer à la balle au prisonnier, c'est déjà ça. Dans le Sud, on n'entend plus du tout les bombes siffler. Plus besoin de s'interrompre toutes les demi-heures pour un obus. Notre quartier est accolé à la gare de Perpignan. Quelques ruelles calmes, reliées au centre-ville par un tunnel sombre. Papa dit qu'il faut faire attention quand on l'emprunte, tout de même.

Germaine et pépé nous ont prêté leur maison de la rue Edgar-Quinet. Une petite bâtisse vide. À l'intérieur, les rires de Micheline résonnent sous le plafond des pièces encore froides. Il faut tout aménager. L'oncle Auguste doit passer nous déposer des meubles, paraît-il. C'est le frère de papi Pierre, un homme peu commode, sans mauvais jeu de mots. Un vieux canapé, un lit pour les parents, une table à manger en bois vieilli et des chaises en paille. Le reste, on verra plus tard. Il y a trois chambres et « la dernière doit rester fermée », prévient papa sans autre forme d'explication. Par chance, nous avons un jardin où nous pourrons faire pousser des plants de tomates, comme en Bretagne. Avec le soleil du Sud, elles seront sans doute encore plus juteuses.

Petit à petit, les étagères de la cuisine se remplissent. Mais pas trop vite non plus : « Pas besoin de poivre, pas besoin d'huile d'olive. » Ma mère surveille nos dépenses en permanence. Avec Micheline, nous apprenons à nous satisfaire du nécessaire. De toute façon, maman a toujours trop poivré les légumes. Pas d'engrais de jardin non plus, puisqu'on a le jus des patates. Les vieux draps deviennent des rideaux, les rideaux, des nappes, les nappes, des torchons. Chez les Torrent, quand y a pas de sous, y a de l'idée. Papa peine à retrouver la situation que nous avions à Saint-Malo. Depuis son arrivée à Perpignan, il est allé de petit boulot en petit boulot, avant de finalement trouver un poste dans une boutique de prêt-à-porter, Les Dames de France. Un endroit chic pour un homme qui l'est tout autant, ça se tient ! Parfois, il rapporte des chutes de tissu que ma mère coud pour en faire des jupes. En fin de semaine, papa voyage beaucoup pour son nouveau patron. Il a rendez-vous dans la Vienne avec des fournisseurs, dit-il, pour discuter des réassorts du magasin. Poitiers, nouvelle capitale de la mode ! Après tout, depuis que Vichy a remplacé Paris, tout est possible.

— Je ne peux pas rester sans rien faire. Je dois aussi me mettre au travail, dit un soir maman alors que nous quittons la table. Nous avons passé le repas à écouter la radio.

Le vieux maréchal Pétain vient d'annoncer d'une voix chevrotante la collaboration de la France avec l'Allemagne nazie.

— Dans votre chambre les filles, balbutie mon père, la mine déconfite, avant de pousser la porte de la cuisine dernière nous.

Je reste dans le couloir, espérant capter quelques bribes de la conversation.

— Je peux t'aider à trouver un poste. Des livraisons entre Perpignan et les Pyrénées, suggère papa.

Le lendemain soir, ma mère revient de chez son nouvel employeur avec des cagettes pour fruits et légumes.

Ma sœur et moi sommes scolarisées à Mme de Sévigné, juste à côté de la gare de Perpignan. L'établissement regroupe le primaire et le secondaire. Devant, il y a un square. Un carré d'herbe, de quoi prendre un peu l'air après les cours. Rien à voir avec les dunes bretonnes où j'ai passé des après-midi entiers à jouer avec Michel-Yves. Alors que la rentrée a eu lieu quelques semaines plus tôt, je rejoins une classe de sixième. Dans la cour, les camarades se moquent pas mal de mon accent pointu.

— Vas-y Josette, dis : « Demain, je prends le train » pour voir ?

— Demain, vous me ficherez la paix ! je réponds.

Qu'ils rient, ça m'est égal ! Je ne suis pas là pour jouer, je suis là pour apprendre. En Bretagne, j'étais première de ma classe. En tout. En français comme en sport, au piano comme au chant. À la maison, c'est la règle. « Bien » ne suffit jamais. « Il faut faire les choses *très* bien », dit toujours papa. La seule fois où j'ai terminé deuxième à un examen de géographie, on peut dire que ça a chauffé pour mon matricule. Pas parce que j'avais été moins bonne que d'habitude, mais parce que j'avais pris mon père pour un idiot en lui cachant ma note. Il avait fini par retrouver le carnet scolaire. Chez les Torrent, on n'aime pas les mensonges.

Au collège, en revanche, tout le monde en raffole. Chacun y va de sa rumeur, de son potin, de sa petite mesquinerie. Heureusement, de tous les alliés que j'aurais pu me trouver pour survivre à cette ambiance, je suis tombée sur la meilleure ! C'est une gémeaux, l'enfant du milieu, cent pour cent catalane, gauchère, châtain clair, la coupe au carré, fossette sur la joue droite. Une fille chaleureuse et tête en l'air. Tout le contraire de moi, en somme ! Le jour de mon arrivée, elle a fait le premier pas.

— Dis, c'est libre ici ? a-t-elle demandé en désignant la place vide à ma gauche.

— Non, tu vois bien, on est au moins douze à cette table.

— Alors je serai la treizième ! m'a-t-elle annoncé, tout sourire, avant de déposer son manteau sur le dossier de la chaise. Moi, c'est Ginette.

Ginette Oriol se classe au rang des amies loyales. Gentilles. Fiables. Ginette Oriol n'est pas mesquine, elle n'est pas compétitive, ni jalouse, ni têtue. Elle ne répond pas aux provocations et s'en moque pas mal. Ginette Oriol n'est ni de mauvaise foi ni mauvaise joueuse. Elle ne triche pas aux jeux de société. Elle n'aime pas dire du mal des autres, elle n'aime pas non plus les messes basses et ne se reconnaît pas dans la jungle du collège. Ginette Oriol ne fait ni sarcasme ni second degré car elle ne les comprend pas le plus souvent. Ginette ne raconte pas de bobards, mais c'est un moulin à paroles. Elle préfère ne pas se mêler de ce qui ne la regarde pas. Sauf pour dire un mot gentil. Ginette n'aime pas les biscuits au beurre salé, ce qui est dur à encaisser pour la Bretonne que je suis. Après l'école, Ginette ne chante pas, ne joue pas de piano. « Ça ne m'intéresse pas », dit-elle. De toute façon, je l'apprendrai bien assez tôt, Ginette chante affreusement faux !

Les pestes de la classe n'en loupent pas une, rien n'échappe à celles qui font la loi. Il est vrai que Ginette ne ressemble pas aux autres. Elle n'a pas les codes vestimentaires, par exemple. Elle ne porte pas, chaque semaine, une nouvelle jupe plissée. Elle ne mange pas de brioche garnie à midi et ne vient pas à l'école à vélo. Ginette porte des lunettes rafistolées et transporte ses cahiers dans un cartable qui a dû appartenir à quelqu'un d'autre avant elle.

— Eh, Oriol ! Tu l'as trouvé à la brocante, ton sac de cours ?

— Attends de trouver ma main sur ta joue, toi ! rétorqué-je à sa place.

J'éprouve de plus en plus de plaisir à défendre mon amie, à cultiver une certaine repartie. Il faut dire qu'en face elles ne sont pas particulièrement fines. Peu à peu, nous formons un véritable duo. En classe, jamais l'une sans l'autre. En dehors de l'école, pareil. Elle passe me prendre chez moi le matin, avant les cours, et me raccompagne le soir. « Je te jure que c'est sur ma route, Josette. »

Chaque fois qu'on chemine ensemble, elle me parle de son rêve de voilier. Depuis qu'elle sait qu'en Bretagne je pêchais avec mon père, elle m'assaille de questions sur la mer, les vents, les poissons. « T'as déjà nagé jusqu'où, t'es descendue profond ? » Elle assure que, quand elle sera grande, elle partira en mer sur son propre bateau. Elle me montre des cartes postales que ses cousines lui envoient de Collioure, au bord de l'eau. « Je suis sûre qu'un jour ce sera mon voilier que tu verras au port, Josette. » Avec son père et ses sœurs, Ginette habite un petit appartement dans le centre de Perpignan. Elle ne m'y invite jamais. « C'est pas très chic là où je vis, tu sais. » Parfois, je lui propose une promenade en ville mais les quartiers où les gendarmes foutent la paix aux jeunes avant le couvre-feu se font de plus en plus rares. Alors je l'invite à la maison les après-midi d'hiver. Moi, je ne laisse personne sur le carreau. Pas même les moulins à paroles.

8

— Maman, il est quelle heure ?

Elle sursaute, manquant de faire tomber son trousseau de clés à nouveau. La première fois, le vacarme m'a tirée de mon sommeil.

— Tu m'as fait peur, bon sang ! Retourne te coucher.

— Tu vas où ?

— Je vais chez le boucher.

— Je viens avec toi.

Ma mère est une femme discrète, mais tête en l'air. Elle est de celles qui, la nuit, se faufilent sur la pointe des pieds, prenant soin de ne réveiller personne, puis allument la lumière par réflexe.

Micheline, debout elle aussi, insiste pour nous accompagner. Ma mère ne refuse pas. L'instant d'après, nous remontons dans le froid la rue Edgar-Quinet pour rejoindre le centre-ville. En quelques mois, Perpignan est devenue impraticable, même à l'aube. Le centre historique fourmille de monde comme en pleine journée. Devant les épiceries de la rue des Augustins, les queues s'allongent, rassemblant des clients aux petits yeux à la recherche de produits devenus rares : du sucre, un demi-paquet de farine, quelques pommes de terre. Les enfants se sont rendormis dans les landaus poussés par les mères aux aguets. Nous nous joignons à elles sur le trottoir devant la boucherie. Partout, sur les murs, le gouvernement nous rappelle de faire des économies. La ville est placardée d'affiches :

« Économisons le pain en mangeant des pommes de terre ! »

« Moins de viande, pour ménager nos cheptels ! »

« Marché noir, un crime contre la communauté ! »

J'ai horreur de la triche mais, en temps de guerre, on fait comme on peut. Pas d'autre choix évidemment que de passer occasionnellement par la contrebande.

Plusieurs fois par semaine, nous nous retrouvons, ma mère, ma sœur et moi, à faire les magasins à pas d'heure. Ma mère sort les cartes d'alimentation de son portefeuille et calcule à voix basse. D'après elle, on devrait pouvoir acheter environ 300 grammes de viande, à condition qu'il en reste quand ce sera notre tour.

— J'ai six tickets. Le morceau devrait en coûter quatre... ou cinq. S'il m'en coûte quatre, je prendrai un peu de volaille. Oui, je vais faire ça. Tu serais contente Micheline d'avoir un peu de dinde, n'est-ce pas ?

— Oui, maman. Est-ce qu'on pourra prendre un petit peu de chocolat, aussi ? ajoute ma sœur.

— Nous verrons jeudi, ma chérie, nous n'aurons pas le temps d'acheter les deux ce matin.

Au bout d'une heure et demie d'attente, nous pénétrons dans la boucherie Delai réduite à un couloir avec la vitrine d'un côté et quelques produits exposés sur le mur d'en face. Sur les étagères vides, quatre conserves de maïs et de petits pois attendent de trouver preneur.

— Il vous reste quoi, monsieur ?

Embarrassé, le boucher propose à la cliente qui nous précède 200 grammes de volaille à la provençale.

— C'est votre jour de chance, je n'ai plus que ça.

— Vous n'avez plus rien d'autre ? coupe ma mère, inquiète.

— Non, malheureusement.

— Pourquoi elle ne partage pas avec nous, la dame ? s'enquiert Micheline.

Je tire ma sœur par le bras et lui rappelle de ne pas faire de vagues. On n'est pas au marché ici. La cliente règle son poulet en soufflant et quitte la boutique, outrée.

Le boucher contourne le comptoir et ferme le rideau de fer derrière nous. Au passage, il lance un clin d'œil à ma mère. La foule dehors se met à rouspéter tandis que le patron lève les bras au ciel, impuissant. Le commerçant, d'un geste de la tête, indique à ma mère de le suivre dans l'arrière-boutique. Elle en ressort quelques secondes plus tard. L'homme nous raccompagne à l'entrée du magasin et ferme définitivement son établissement pour la journée. C'est drôle, le boucher a toujours un geste amical pour ma mère. À croire qu'ils sont proches.

— Tu le connais bien, maman ? demande Micheline, naïve.

— Qui ça ?

— Le boucher, je réponds.

— Pas plus que vous, les filles.

— Pourtant, il trouve toujours quelque chose à nous donner...

— Il est professionnel, que veux-tu que je te dise ?

Le soir, c'est Noël en février. Mon père rentre de Poitiers plus tôt que prévu. Il ne raconte jamais rien de ses déplacements professionnels. Il se contente de dresser la table.

— Des navets au menu, j'imagine ?

— Figure-toi que j'ai réussi à nous dégoter quatre os à moelle, aujourd'hui.

J'ai l'impression de redécouvrir chaque fois la texture de la viande, son goût salé, sa consistance juteuse. J'en salive. Micheline se rue sur son os si bien qu'on ne l'entend plus. À table, papa répond à peine aux questions. Il préfère les poser lui-même. Ma mère doit constamment lui tirer les vers du nez pour obtenir des informations sur ses voyages. Il s'acquitte toujours d'un :

— Rien à signaler, capitaine.

— Tu n'as pas croisé Churchill, alors ?

Maman s'essaie à l'ironie.

— Si seulement ! Je lui aurais demandé ce qu'il attend pour nous filer un coup de main.

— Les Anglais ne sont pas les moins combatifs, Michel.

— Non, c'est sûr qu'à côté de notre gouvernement qui collabore, tous les autres pays paraissent engagés. En revanche, tu ne devineras jamais qui j'ai croisé, pour de vrai, en plein centre-ville de Poitiers.

— Qui ça ?

— Madame Delai et son fils.

— La femme du boucher ? Qu'est-ce qu'elle faisait dans la Vienne ?

— On travaille dans le même secteur.

9

Trente-six, trente-sept, trente-huit... Quelques bulles d'air s'échappent de ma bouche et s'envolent devant mes yeux. Mes pupilles me brûlent mais je garde les paupières ouvertes.

Trente-neuf, quarante, quarante et un... Je baisse légèrement la tête et parviens à distinguer mes pieds. Pendant les vacances du mois de mai 1941, je peux passer plusieurs heures par jour, seule, à me baigner. Telle une créature marine, j'agite mes jambes contre la force du courant. Mes mains battent en cadence pour me maintenir immergée. Quelques rayons du soleil traversent l'épais feuillage des chênes verts, pénètrent dans l'eau et réchauffent ma peau. Juste ce qu'il faut pour que j'aperçoive la blancheur de mes membres, pas assez pour éclairer les profondeurs. Combien de temps encore pourrai-je tenir en apnée ? Je regarde mes bras dont la pâleur tranche avec l'émeraude de la rivière. Cela ne me complexait pas à Saint-Malo, je me fondais dans la masse des Bretonnes. Ici, c'est une autre affaire : les filles ont la peau dorée, des taches de rousseur, les yeux foncés. « Toi, tu ne bronzes jamais, Torrent », qu'elles disent. Elles oublient mes racines catalanes. C'est dans ce coin des Pyrénées que ma mère est née.

Quarante-quatre, quarante-cinq... Je passe une main dans mes cheveux, lissés par le poids de l'eau. Ce que je dois être jolie ! Mes jambes sont couvertes d'écailles turquoise, du bas-ventre aux chevilles. Je tends le bras et crois sentir un banc de poissons se frayer un chemin en me frôlant la peau. Et si je pouvais leur parler, comme Ondine dans le livre d'Andersen que papa lisait le soir avant de me border ? Moi aussi, je voudrais une longue chevelure claire. Au lieu de cela, je dois dompter ces boucles noires héritées de ma mère. Les siennes sont toujours parfaitement dessinées, de vraies anglaises. Les miennes sont constamment emmêlées. En Bretagne, je n'y prêtais pas attention. Mais ici, ongles, cheveux, peau... les filles du collège ne parlent que de ça ! Étiennette dit qu'elle a les dents trop écartées. Anna, la poitrine trop petite. « Et toi Josette ? » Le teint pâle et les pointes rêches, je suppose. On n'a pas d'autres chats à fouetter en ce moment ? La Bretagne me manque, les cours de gymnastique, les leçons de piano. Michel-Yves me manque. Où est-il aujourd'hui ? Est-ce qu'il va bien ? Peut-il profiter de ses vacances avec les Allemands qui rôdent ?

Quarante-huit, quarante-neuf... L'eau est douce pour un printemps. Même au pic de l'été, elle n'atteint jamais cette température à Saint-Malo. Je n'ai pas envie de sortir la tête à la surface mais je sens que le souffle commence à manquer, que mon corps me tire vers le haut, que les cris de ma sœur se rapprochent.

— Josette, maman a dit que tu devais remonter.

Je pouffe de rire, laissant échapper quelques bulles d'air. *Allez, fais un effort Josette, savoure ce moment de tranquillité, encore quelques secondes !*

Cinquante et un, cinquante-deux... Vais-je battre mon record ? Je ne tiens plus. Il faut que je remonte, mais je sais que la fin de la journée approche et qu'il va falloir rentrer chez ces deux-là. Gisèle et l'oncle Auguste... Ils habitent une minuscule maison mal entretenue au cœur du village de Las Illas. Pourquoi donc mes parents nous ont-il amenées jusqu'ici ? « Vous verrez, ça vous fera du bien de prendre l'air frais de la montagne. » On aurait dit qu'ils l'avaient décidé au pied levé, sans nous consulter. De l'air frais... Comme si on manquait de vent à Perpignan, tiens !

Cinquante-sept...

— Josette ! Josette !

L'appel de ma mère traverse les quelques brasses qui me séparent de la berge. C'est le moment. Record battu, de quatre secondes.

Quand je refais surface, l'air remplit mes poumons. Mes yeux encore humides discernent, sur la rive de cailloux, ma mère en tenue de bain cousue main. Elle est belle. Elle m'agace. C'est marrant qu'elle s'accorde tant d'élégance alors que nous n'avons plus le droit de faire les boutiques. Pourquoi n'est-elle pas restée à Perpignan ? Je croyais qu'elle avait du travail ? Je nage jusqu'au bord sans lui adresser un regard. Papa se tient quelques mètres derrière elle, lui aussi en tenue de bain. Il me fixe, les mains sur les hanches et les yeux rieurs. Par réflexe, je lui rends son sourire. Ma mère, témoin de notre complicité, soupire :

— Cette enfant n'en fait qu'à sa tête.

Elle prend la main de Micheline qui, assise sur un rocher, me tire la langue. Papa me recueille et m'enveloppe d'une serviette. Il me maintient immobile quelques secondes, tandis que maman et Micheline empruntent le chemin du retour.

— Toi et moi, demain, on ira marcher un petit peu en forêt.

— Il y a le tournoi de pétanque, je te rappelle.

— Tu as envie d'y participer ?

— Bon, on va se promener où ?

10

Le soleil se couche sur l'ennuyeux village de Las Illas. Même pas deux cents habitants. Je ne parviens à lui trouver un certain charme que le soir, à la tombée de la nuit. Enfin, la place principale s'anime. Quelques loupiotes clignotent et les habitants se laissent aller à une danse ou deux. Les nuages flottent au-dessus de la colline du Perthus, des boules de coton rose et orange. Ils me rappellent les meringues que je dévorais à Saint-Malo. Avec un peu d'imagination, le paysage ne serait pas vilain, au fond, il pourrait même être plaisant. Mais c'est justement ce dont manque ce patelin : l'imagination, la fantaisie, l'action. Les gens, les chats et même les arbres se laissent porter. Un arrêt sur image où ils ont l'air d'attendre. Mais quoi, bon sang ? La fin de la guerre ? Elle n'arrivera pas toute seule. Chaque jour, les mêmes baignades suivies des mêmes goûters et des mêmes soirées. Quelle légèreté. Micheline, elle, se régale. Maman fait semblant, alors que, de toute façon, elle ne restera pas longtemps. Une histoire de livraison de fruits et légumes à Valmanya. Un prétexte pour rentrer. La chance ! « Tu es dure, Josie », m'a dit mon père quand il a vu ma moue à notre arrivée. Dure ? Tu plaisantes ! Plutôt faire la queue devant chez le boucher que de passer une seconde de plus dans ce trou. Au moins, les jours d'école, je m'amuse un peu à braver le couvre-feu avec Ginette et la bande de Saint-Assiscle, on imagine mettre des pétards dans les bottes des gendarmes.

Crever les pneus de leurs voitures. Imiter l'accent allemand. Là, oui, on profite.

— Ah… vous voilà.

Perspicace, l'oncle Auguste. Moi aussi, je regrette d'être ici, tu peux me croire ! À son air, on devine bien qu'il n'a pas plus envie de nous accueillir chez lui que moi de passer mes vacances ici. Ma mère, en bonne comédienne, se fend d'un large sourire et tente d'arrondir les angles.

— Excusez-nous pour le retard, Auguste, vous connaissez les enfants ! Impossible de les faire sortir de l'eau une fois qu'elles sont dedans.

L'oncle Auguste, avachi sur les marches qui donnent accès à la maisonnette, se frotte machinalement le ventre. L'heure du souper approche. Monsieur a faim. Sans doute pour ça qu'il est bougon. Il se décale de quelques centimètres pour nous laisser entrer chez lui. Mes cheveux sont encore trempés par l'eau de la rivière. Quelques gouttes claquent sur les marches de pierre, et je secoue ostensiblement la tête pour en faire tomber d'autres sur cet ours mal léché. Cela n'échappe pas à ma mère qui me pousse précipitamment à l'intérieur tandis que papa reste sur le perron pour discuter avec son cousin Léon. C'est lui qui nous a déposées, Micheline et moi, à vélo, il y a quelques jours. Nous avons voyagé dans une petite remorque attelée au deux-roues.

Gisèle s'affaire dans la pièce qui lui sert de cuisine, de salon et de garde-manger. Il n'y a pas d'eau ici, juste une pompe qui surplombe une cuve en fer rouillée. Depuis le début de la guerre, je m'habitue à vivre avec peu. Mais là, on est en dessous du peu.

— Pourrais-tu t'occuper des pommes de terre, Josette ? demande Gisèle d'une toute petite voix. Pour un peu, elle s'excuserait de m'adresser la parole. Ma mère m'encourage du regard et assoit Micheline sur une chaise. Je m'exécute. Je ne voudrais pas qu'Auguste reproche à Gisèle de le faire attendre. C'est une brave femme tombée sur le mauvais bougre.

— Des nouvelles de la capitale ? demande papa à Léon.

La fenêtre entrouverte donne directement sur leur conversation. Je tends l'oreille. Comme si j'allais m'en priver ! Surtout qu'il est question de la guerre. À la maison comme à l'école, les adultes ne nous racontent rien. Alors on évite de poser des questions. Il faut simplement apprendre à déjouer les consignes.

— On dit qu'il y a eu une autre rafle à Paris, répond Léon. Des milliers de Juifs, arrêtés jusque dans leurs appartements et envoyés on ne sait où.

— Travail forcé ?

— Impossible à dire. Des femmes, des enfants, Michel.

— Pourritures de Boches.

— Même pas. L'ordre vient de la Préfecture de police…

Un verre se brise dans la pièce.

— Pardon, je suis maladroite. C'est que cette nappe est glissante, s'excuse ma mère.

Gisèle se précipite vers le placard et attrape de quoi l'aider à nettoyer les débris.

Quelques semaines avant les congés d'été, certains élèves ont cessé de venir à l'école. « Paula est malade, Sylvain aussi », a dit le professeur de chant. Mais, au bout d'une semaine, on ne les a pas revus. L'autre jour, j'ai ramassé un portefeuille dans le tramway. Je l'ai tendu à son propriétaire. Sur sa carte d'identité, la mention JUIF, en lettres rouges et capitales. Il m'a remerciée, l'air gêné.

Je baisse les yeux sur mes pommes de terre. Je me sens chanceuse. Bretons, catalans, nous ne sommes pas la cible préférée des nazis et des vichystes. Ma mère quitte la pièce et rejoint les hommes sur le perron. Je m'approche pour en entendre davantage. Elle me ferme la fenêtre au nez. Raté.

11

J'ignore s'il m'a repérée. Je reste impassible, silencieuse. Ma poitrine se soulève à peine au rythme de ma respiration. Il s'affaire, la tête inclinée sur le côté. *Non, il ne t'a pas vue, Josette. Cet immense tronc te rend invisible.* J'ai toujours été douée pour me faire discrète. Et ça m'a bien servi quand les nazis ont débarqué dans nos rues, à Saint-Malo. Il fallait baisser la tête, éviter de croiser leur regard, ne pas moufter.

Il n'est qu'à quelques mètres de moi et ne m'a pourtant toujours pas vue. Son souffle est calme et régulier. Je me calque dessus. Une, deux, trois, inspire. Un, deux, trois, expire. Il a beau faire trois fois ma taille, je n'ai pas peur de lui. J'ai conscience d'être sur son territoire, et j'aimerais bien savoir ce qu'il en pense. Mes jambes sont lourdes, le soleil cuit mes épaules. Je bascule mon poids vers la gauche, vers la droite. Quelle idiote ! Le craquement d'une châtaigne sous mon pied me trahit. Ou peut-être m'avait-il dans le coin de l'œil depuis le début ? Avec grâce et rapidité, il redresse le buste, soudain sur ses gardes. La tête droite, il paraît encore plus majestueux. Je déglutis si bruyamment qu'on m'entend sans doute jusqu'en Espagne. Ses pupilles noires expriment un regard tendre, mais sa silhouette massive m'impressionne, me fait reculer d'un pas. Il pourrait me broyer sans même le vouloir. Pourtant, tout dans sa posture indique qu'il se tient prêt à fuir. Que c'est moi, Josette, qui effraie ce grand cerf des Pyrénées.

Un nouveau craquement ! Cela vient de plus loin, de derrière. Je me retourne, papa se dirige vers moi, les yeux écarquillés. L'animal, apeuré, quitte sa clairière d'un pas énergique. Je distingue au loin son pelage caramel et ses bois longs de plusieurs mètres.

— Magnifique, souffle mon père. On continue, Josie ?

— On en a encore pour longtemps ?

— Non, nous sommes sur le col de Lli. La frontière espagnole n'est pas loin. Plus que quatre kilomètres.

Nous avons quitté un peu plus tôt Las Illas. « Nous allons à la rivière, Josette et moi » a prétexté papa. Grave erreur : Micheline n'était pas d'accord du tout. « Moi aussi, je veux venir ! Pourquoi toujours Josette ? » « Parce que j'ai raconté à Gisèle que tu avais du talent pour faire les confitures et qu'elle a besoin de toi pour en préparer. Pas vrai, Gisèle ? »

Habile. Micheline s'est calmée. La porte de la petite baraque claquée, je suis partie en sautillant, heureuse de passer un moment père-fille.

Il me prend par la main et me ramène sur la route tortueuse et pentue. Il faut enjamber les branches qui nous barrent le passage par endroits. Nous cueillons des mûres au passage. Un air de Bretagne souffle sur notre chemin.

12

— Si on croise des gendarmes espagnols, tu te caches.

En 1941, la guerre vous accompagne même le temps d'une randonnée. Nous marchons durant une petite heure entre les ronces et les roches sans croiser de *carabineros*. Seul un chat tigré à longs poils nous tient compagnie. Il nous suit depuis la sortie du village. Difficile de savoir à quel moment précis nous sommes passés en terre ibérique, mais un panneau nous indique désormais que la France se trouve derrière nous. Il doit rester un kilomètre ou deux avant La Vajol. Au centre de la petite bourgade, une auberge en pierre. On la croirait laissée à l'abandon. Il faut dire que l'époque n'est pas au tourisme. Papa pousse la porte de l'établissement. Personne. Au comptoir, une dame aux cheveux gris tue le temps en tricotant. Un air de sorcière. Peut-être la maîtresse du félin qui nous a guidés jusqu'ici. Dans une autre vie, elle a dû jeter tout un tas de sortilèges. Du menton, elle nous indique une table, comme s'il y avait besoin de placer les clients alors que tout est vide. C'est la première fois, depuis mon arrivée en Catalogne, que je mets les pieds dans un restaurant. Mon ventre gargouille et je cherche du regard une quelconque carte ou un écriteau sur le mur.

— Peux-tu aller jouer dehors quelque temps avec le chat, ma Josie ?

Même si j'ai terriblement faim et soif, sortir ne me dérange pas. Mais « jouer » ! Je n'ai plus quatre ans, tout de même ! J'en ai onze. Ma foi, je m'exécute. Chez les Torrent, on ne discute pas les ordres. Je me poste près de l'entrée, collée par ce chat qui me suit comme un chien.

Des bruits de pas sur le gravier. Un jeune homme débarque et pénètre dans le restaurant abandonné. Habillé d'une soutane, il se dirige vers la table où est assis papa. Je me faufile derrière un buisson pour observer la scène. Quand nous habitions encore Saint-Malo, mon père ne supportait pas les « curetons ». Chaque année, durant les pardons célébrés en Bretagne, il répétait en boucle : « Je suis socialiste, moi, ceux-là non. » Il avait horreur de me voir défiler avec d'autres gamines, coiffée d'une couronne et vêtue d'une robe blanche, pour aller déposer des gerbes de fleurs devant les boutiques du centre-ville.

Alors que le prêtre vient d'entrer, un autre individu, encore plus jeune et habillé en civil, lui, les rejoint. Mon père, le curé et le jeune homme dans une auberge espagnole, on dirait le début d'une mauvaise blague. L'échange dure une vingtaine de minutes. Je ne capte rien, pas une bribe de conversation. Assis autour de la table, le dos courbé, ils parlent à voix basse. Puis ils se serrent la main, et les deux hommes finissent par quitter les lieux. Je vois mon père me chercher du regard à travers la vitre du restaurant. Le moment pour moi de sortir de ma planque. À l'intérieur, un grand verre de lait m'attend sur la table.

— J'espère que tu t'es bien promenée, ma Josette.

— Ma foi.

— Comment as-tu appelé le chat ?

— Ça, c'est un secret.

— Tu as raison. Et, à propos de secret, pas la peine de mentionner notre escapade à Micheline. Tu connais ta sœur.

13

La rentrée des classes et moi, on n'est pas vraiment copines. Cela n'a jamais été une partie de plaisir pour moi. D'autant plus qu'en septembre 1941, le budget familial ne nous permet même pas d'acheter des cahiers. « On fera avec ce qu'on a », m'a annoncé ma mère pour me rassurer. Mais c'est embêtant quand on n'a plus rien. Alors, quand je m'assieds en classe, ce premier jour d'école, que je passe la journée avec Ginette qui est encore moins bien lotie que moi, qu'on file à la cantine à midi manger nos tartines toutes tristes de pain rassis, qu'on se raconte les vacances à prix réduit que nos parents ont eu tant de mal à nous offrir, et qu'une nouvelle camarade de classe nous nargue avec ses fringues de luxe et ses sandwichs au comté fruité, je me dis que décidément, la rentrée des classes et moi, on ne s'aime pas.

Puisque, avec Ginette, nous n'avons apparemment pas été assez claires au déjeuner, Agnès Pujol s'installe juste devant nous en classe. Sur trente bureaux, il fallait qu'elle choisisse celui-ci !

— Faut avouer que sa gabardine n'est pas vilaine, chuchote Ginette.

— Son père la lui a payée avec l'argent de la collaboration, je te rappelle.

— Tu crois qu'on lui dit qu'on ne l'aime pas ?

Décidément, je suis en train de déteindre sur Ginette. La nouvelle accroche son manteau de fourrure avant de poser ses fesses de traîtresse sur la banquette. Vichy a bon dos. Sur mon cartable, à même le sol, j'ai posé ce qui me sert de veste depuis plusieurs hivers. Un coupe-vent marron à col Claudine. Ma mère me l'avait acheté trop grand pour qu'il dure des années. Depuis quelques mois, elle ajoute régulièrement quelques centimètres de tissu pour que je puisse encore le porter.

— Tu devrais te racheter un manteau, me conseille Pujol avec bienveillance, un morceau de chocolat entre les doigts en guise de dessert. Ça t'irait bien une peau chinée, comme la mienne. Au moins cela mettrait tes jolies boucles en valeur.

— Tu penses ? Pourquoi pas, oui. Combien de tickets de rationnement ça t'a coûté, à toi, simple curiosité ?

Elle se retient de pouffer de rire :

— Tu es marrante, Josette. Je ne parle pas de ce genre de boutiques. Il suffit de connaître de bonnes adresses. Mon père me l'a acheté aux Dames de France. Ça te dit quelque chose ?

— Évidemment ! interrompt Ginette. Son père y travaille.

— Je vois, poursuit Pujol. En tout cas, si ton père cherche à se rendre utile, sache que le mien a le bras long.

— Et le mien, le sens de la patrie.

Cette année, nous retrouvons Mme Chapeau pour les cours de piano. La pauvre n'a évidemment pas choisi ce surnom. Il faut dire qu'elle se pointe toujours en classe coiffée d'un béret, été comme hiver. Quand elle s'installe face à son instrument, elle remue le bassin sur sa chaise avant de poser les doigts sur le clavier.

Un après-midi, en plein *Clair de lune* de Debussy, la directrice du collège interrompt le cours. Elle a l'art d'imposer le silence par sa seule présence. Il y a des gens comme ça, on ne négocie pas.

— J'ai à vous parler, annonce-t-elle à son enseignante. Chapeau se lève et suit Mme Lacrosse dans son bureau. L'occasion pour moi de jouer les clowns. Je m'assieds à sa place et je m'improvise chef d'orchestre. Ses tics, sa posture, ses mimiques, rien ne m'échappe. La scène ne m'est pas étrangère. En Bretagne, mon père avait créé la troupe de théâtre des Tréteaux malouins, et il n'était pas rare qu'on chante en duo. Sur les planches, son énergie rassemblait des petites foules d'amateurs.

— Aujourd'hui, nous allons revoir les premiers accords de *Clair de lune...*

Je commence mon cirque.

— Josette, tu oublies le chapeau sur le bureau ! crie-t-on dans le fond de la classe.

Mes camarades se prennent au jeu et en redemandent. Je reproduis l'air de Debussy à la perfection pour un numéro gratuit.

— Sortez vos partitions, dis-je à la manière de Chapeau.

Je dois encore travailler le ton, il manque quelque chose.

— Madame Chapeau, m'interpelle Ginette, j'ai perdu mon carnet de solfège, c'est Torrent qui me l'a chipé !

— Ma petite Ginette, vous finirez par perdre votre tête, à la longue. Quant à vous, Torrent, fichez-lui donc la paix et prenez-vous-en plutôt à Agnès Pujol. Elle a tout ce qu'il faut, elle.

Mon assemblée s'esclaffe. Tout le monde pouffe sauf la fille de collabo. Le cours de musique improvisé se transforme en une foire d'animaux sauvages qu'on aurait enfermés trop longtemps. Les élèves du fond se lancent leurs partitions d'une table à l'autre. Ginette m'accompagne en chanson.

Absorbée par mon imitation, je ne remarque pas qu'elle s'est rassise et me lance de grands yeux inquiets, ni qu'Agnès a l'air pétrifié. Lacrosse et Chapeau nous ont rejoints et se tiennent aux premières loges, sur le pas de la porte.

— On ne vous dérange pas trop, Torrent Déchaîné ?

Le soir même, mes parents sont convoqués à l'école pour un remontage de bretelles dans les règles. Papa arrive seul, ma mère doit encore être occupée. Il s'installe devant le bureau, à ma droite. Je cherche son regard, mais ses yeux restent plantés dans les billes noires de la directrice. Il doit être en colère. Faire le pitre, ça me connaît, mais perturber les cours, je vais rarement jusque-là. Après un récit de l'incident, que je trouve assez exagéré, Lacrosse réajuste ses lunettes, se cambre sur son fauteuil et déclare avec toute la solennité du monde :

— Josette mérite l'exclusion définitive du cours de musique. Un point, c'est tout.

L'exclusion ? Pour un numéro de piano ? Je tourne la tête vers papa. Il ne dit pas un mot. Mine apathique, lèvres pincées, yeux pétillants. Papa a envie de rire ! Je le connais par cœur, ce visage qui se dessine lorsque mon père se retient de pouffer. Je vois ses fossettes se dessiner. Heureusement, Michel Torrent est un comédien hors pair. Si on n'a pas l'habitude, on peut penser qu'il réfléchit. Alors qu'en fait il répète mentalement sa réplique avant de trouver la bonne intonation pour la dérouler.

— L'exclusion du cours de musique, très bien. Cela me semble même léger, vu la scène que vous m'avez décrite.

— Ah, nous sommes bien d'accord, acquiesce la directrice en me regardant d'un air triomphant.

À Saint-Malo, papa faisait toujours Jean-qui-rit, Jean-qui-pleure pour amuser son monde. Pour faire rire ma mère, ma sœur et moi, il jouait sans cesse la comédie. En une seconde, il était capable de passer d'un rôle à l'autre. Il débarquait dans le salon, l'air doux, gentil, enchaînant des vers de *Hamlet*. Un demi-tour, et il devenait *Claudius*, oncle meurtrier à l'origine de la pire tragédie. Son regard noir nous pétrifiait. Il était, sans nul doute, le meilleur des Tréteaux malouins. Le plus drôle, le plus gracieux, toujours une blague pour détendre l'atmosphère avant une représentation.

C'est lui que les comédiens allaient voir dans le doute. « Ça me va ce costume, Michel ? Tu es sûr ? »

Alors peut-être que mon petit numéro l'a aussi amusé. Assise sur ma chaise, à côté de lui, je me mords l'intérieur de la joue pour ne pas rire à mon tour. Aux yeux de la directrice, la gravité de la situation ne fait aucun doute, et le moindre écart pourrait empirer mon cas.

— J'ai une meilleure idée, lance Mme Chapeau qui jusque-là était restée en retrait. Elle s'approche du bureau en se dandinant, son couvre-chef rond vissé sur la tête :

— Puisque tu estimes que tu en sais autant que moi au piano, tu viendras passer deux heures chez moi, le jeudi soir après l'école, pour des leçons de perfectionnement. Pendant un mois. Ce sera ta punition.

Aïe ! Je crois que je préfère encore l'exclusion. Mais j'acquiesce et tourne la tête vers Lacrosse qui finit par se résigner. Mme Chapeau nous quitte, et papa se racle la gorge.

— C'est une excellente idée. Merci, madame. Même si Josette ne pensait pas à mal… j'en suis certain.

Mon père se tourne vers moi et pose sa main dans mon dos.

— Peux-tu nous attendre dans le couloir, s'il te plaît ?

Il m'indique du menton la porte par laquelle la poule au chapeau est passée quelques secondes plus tôt. Sortir ? Que peut-il encore négocier avec Lacrosse ? Après tout, elle a accepté de ne pas m'exclure. Je descends de ma chaise et me dirige vers la sortie.

— Fermez la porte, mademoiselle ! lance la directrice.

14

À première vue, c'est une simple porte. Une planche percée d'une poignée pivotante. Rien de remarquable, ni son bois foncé, légèrement terni, ni les reliefs qui compartimentent le panneau, ni l'anse en fer noir bien lustrée, ni même la petite serrure, quoiqu'elle soit légèrement plus usée que les autres de la maison. Et puis ce faisceau lumineux, un léger jour entre le sol et l'encadrement qui laisse entrer le soleil de mars 1942.

Cette porte fait face à ma chambre. Le matin, en me levant, c'est la première chose que je vois. Et la dernière quand je me couche le soir. Il m'arrive de m'asseoir sur mon lit quand la maison est calme et de la regarder fixement, persuadée qu'elle va s'ouvrir. Les autres portes de la maison ont une vie, elles. Celle de l'entrée, encadrée par deux immenses tilleuls, donne directement sur la rue. Chaque jour, elle échange avec les passants et croise le voisin qui promène son lévrier. Celle de la cuisine reste entrebâillée quand ma mère prépare le dîner. Elle assiste à toutes nos conversations et promet de ne rien révéler. Celle de la chambre parentale est presque close. Elle protège l'intimité de mes parents mais accueille Micheline les soirs d'insomnie ou de cauchemar. La porte de notre chambre reste le plus souvent grande ouverte mais claque parfois vigoureusement pour couper court à nos disputes. Enfin, celle qui mène au jardin, percée de vitraux rose et jaune, dissimule à l'arrière de la maison un terrain arboré, un potager et un petit lapin dodu dans sa cage. Ma préférée.

Et puis il y a cette sixième porte. « Vous n'avez pas le droit d'y aller les filles. Ce n'est qu'un débarras. Rien d'intéressant à part de vieux meubles et mes cagettes de légumes », répète ma mère. Il m'est arrivé, lors de notre emménagement, de la voir entrouverte. Suffisamment pour constater que la pièce était vide. Soit. De quels meubles parle-t-elle, alors ?

Ce soir, en particulier, cette porte me pose mille questions. J'ai cru voir passer une ombre. Dans le jour, entre le battant en bois et le sol. J'ai cligné des yeux, plus rien. Ça doit être mon imagination qui me joue des tours. Mais il n'y a pas grand-chose à faire ici, alors je ne dis pas non à un peu d'aventure. Mes devoirs attendront. Je saute de mon lit, jette un œil à ma sœur. L'heure du souper approche, Micheline est assise au bureau et dessine. Maman chantonne dans la cuisine, la voie est libre. Je fais quelques pas en direction du couloir. Gauche, droite : personne. Je traverse, ma main n'est plus qu'à quelques centimètres de la poignée. J'hésite quelques secondes. Je me sens ridicule. Mais c'est drôle ! S'il y a tout un tas de meubles, comme le dit ma mère, je ferai attention.

Alors que la poignée s'abaisse, je sursaute. La porte d'entrée s'ouvre, mon père vient de rentrer à la maison. Je profite du moment où il retire son chapeau pour reculer de quelques pas, espérant qu'il ne m'ait pas vue. Il me sourit.

— Bonsoir ma Josette, comment vas-tu ?

— Bien ! Tu m'as manqué.

Je fonce dans ses bras. La porte attendra. Papa part de plus en plus souvent à Poitiers pour le travail, et ses séjours sont chaque fois plus longs.

— Tu cherchais quelque chose ?

— Comment ça ?

— Dans la pièce en face de ta chambre, tu cherchais quelque chose ?

— Pourquoi ? Il y a quelque chose à trouver ?

— Le dîner est prêt, annonce ma mère en faisant irruption dans le couloir. Tu m'aides à mettre la table, Josette ?

Forcée d'obéir, je gagne la cuisine.

— Il va falloir mettre de l'ordre dans cette pièce, chuchote maman.

Je tends l'oreille.

— Oui, je m'en occupe demain. Les meubles sont arrivés ?

— Tout est là.

15

Comme presque tous les jours, je ne rentre pas seule du collège. Ginette, dans un flot ininterrompu d'anecdotes plus ou moins inédites, me raccompagne rue Edgard-Quinet.

— Tes parents, ils te traînent à l'église, toi aussi ?

— Manquerait plus que ça. Mon père n'aime pas les bondieuseries. Pourquoi, toi oui ?

— Tous les dimanches. Et avant-hier le curé a lu un texte pour les Juifs. J'ai presque pleuré.

— Comment ça, un texte pour les Juifs ?

— Il a dit que des Juifs avaient été emprisonnés dans des camps près d'ici. Puis envoyés vers l'Allemagne et la Pologne. Que des mères avaient été séparées de leurs enfants. Et qu'on ne devait pas accepter ça. C'est terrible ce qu'ils font, non ?

Je sens mon cœur se serrer. Et nous, qu'est-ce qu'on fait alors ? Ginette me propose de rester jouer un peu, mais je n'ai plus la tête à ça. Nous nous séparons devant les tilleuls. De toute façon, le couvre-feu approche et aujourd'hui je n'ai pas envie de le braver. J'imagine une fillette de l'âge de ma sœur arrachée des bras de sa mère à la sortie de l'école.

La maison est silencieuse. Ma mère est absente depuis deux jours, une livraison de légumes dans les Pyrénées. J'ai soif. Au moment où je passe la porte de la cuisine pour me servir un verre d'eau, j'aperçois les pieds de mon père, par terre. Puis ses jambes et enfin, à mesure que je m'approche, son corps étendu à même le carrelage. Son cœur semble battre très lentement, le mien cavale.

— Ça va, papa ?

Je pose mes lèvres sur son front brûlant. Depuis plusieurs semaines, il souffre d'abcès, des blessures purulentes qui le réveillent la nuit. Papa se plaint surtout des maux de tête et de la fièvre qui les accompagnent. Dans sa nuque, sur l'arrière du crâne, les boutons laissent de vilaines croûtes qui mettent des semaines à cicatriser. Les épisodes de douleur sont de plus en plus récurrents. D'ordinaire si bien peigné, les cheveux tirés en arrière, mon père se coiffe désormais d'un béret. Ma mère essaie de le soulager avec des serviettes imbibées d'eau glacée, mais cela ne suffit plus à apaiser l'inflammation.

— Laisse-moi t'éponger le front, papa.

Avec mon aide, il se redresse péniblement. Je le place dos au mur, en position assise. Des gouttes de sueur perlent sur son front. Je lui tamponne le visage avec un mouchoir en tissu que je trempe dans un bol d'eau. Au bout de quelques secondes, je remarque une enveloppe blanche, épaisse, dans sa main droite. Je baisse les yeux aussitôt et feins de me concentrer sur ce que j'ai entrepris.

— Je vais avoir besoin de toi, Josette.

— Je peux courir à la pharmacie, elle est encore ouverte.

— Non. Écoute…

— Tu as regardé dans le tiroir, sous la cuisinière ? Il y a de la pommade. Ça pourrait te faire du bien.

— Il faut que je te parle. Écoute-moi maintenant !

Mon père me serre le bras. Son ton est dur, il a presque crié. Je le regarde avec des yeux ronds. Il me fait signe de l'aider à se mettre debout. Je le traîne jusqu'à la chaise et m'assieds en face de lui. Je ne lui ai jamais vu un visage aussi grave. Il inspire profondément et plante son regard dans le mien.

— J'ai besoin que tu ouvres grand tes oreilles.

— …

— Ce dont je vais te parler doit impérativement rester entre nous.

— D'accord.

— Tu n'en parles ni à ta mère ni à ta sœur.

— À Micheline ? Certainement pas.

— Je suis sérieux, Josette.

— Moi aussi, papa.

— Je vous aime toutes les trois. Plus que tout. Et je ferai tout ce que je peux pour vous protéger, toujours. Mais, avant cela, il y a la France. Tu comprends ?

Oui, très bien même. L'entrée des Allemands dans Saint-Malo m'a donné la nausée. Avant, je me sentais constamment en décalage. Catalane en Bretagne. Bretonne en Catalogne. Mais, depuis qu'ils sont là, je me sens résolument française. C'est nouveau, ça. C'est peut-être ce que papa ressent aussi. Il poursuit.

— Depuis que les Boches ont débarqué, on a constitué des groupes de copains, dans le Sud, mais aussi en Alsace, dans le Limousin, et ailleurs. Des copains avec qui on essaie de foutre les Allemands dehors.

— Chic alors.

— Ici, c'est la France. Les Boches n'ont rien à faire chez nous.

— Tu sais ce que j'en pense, papa. Et comment vous faites, alors ?

— On se débrouille mais pas n'importe comment, c'est très dangereux. Tout se fait en secret. Comme une armée qu'on monte de l'intérieur, tu vois ?

La guerre est terminée. Finie. Perdue. Le maréchal Pétoche est à la botte des nazis. Je ne comprends pas. À la radio, on raconte que l'armée a foutu le camp en Angleterre avec de Gaulle. Tandis qu'ici on compte chaque sou, on n'a plus la force de rien. Tous les jours, des Juifs sont déportés. Des Français sont arrêtés. On apprend l'allemand à l'école. Alors monter une armée de l'intérieur ? J'avoue que, là, je sèche.

Papa prend mes mains entre les siennes et se lance dans une longue explication. J'essaye d'en absorber un maximum, même si tout un tas de mots m'échappent. Il me raconte qu'il fait partie d'un « réseau » de la « Résistance ». Je lui demande s'il s'agit d'une nouvelle boutique de vêtements. Il sourit et me caresse la joue. Eh bien, quoi ? Il me raconte que, avec les camarades, ils fonctionnent en groupe, un peu comme une équipe de rugby qui se passe le ballon sur un terrain. Certains joueurs œuvrent depuis l'étranger, à Londres.

— Mais, nous, on joue à domicile. Pourtant, on est dans la même équipe. L'idée, c'est d'aller le plus loin possible sur le terrain de l'autre, comme quand on marque un essai, sans se faire plaquer. Sauf que là, ce n'est pas un ballon qu'on envoie mais des informations. Comme sur la pelouse, chacun a un poste bien précis. Les avants, c'est l'armée depuis Londres et le Maghreb. Ce ne sont pas les plus rapides, mais ce sont eux qui donnent les directives. Ils progressent directement vers l'ennemi. À l'autre bout, il y a les arrières, on les appelle les maquisards. Ceux qui gardent notre partie du terrain, donc la France. Dans les Pyrénées, ils sont une dizaine, planqués depuis quelques semaines, m'explique papa. Et puis, entre les deux, il y a les demis de mêlée.

— Et ça, c'est qui ?

— C'est nous. Tu sais, le joueur qui introduit le ballon dans la mêlée. Il doit être petit, agile et vif. Comme toi. Autrement dit, il jette le ballon comme on passe un message, en s'assurant qu'il arrive chez le bon coéquipier.

— Mais on est combien à jouer comme ça ?

— Difficile à dire. Mille ou peut-être dix mille. Il faut imaginer un terrain de jeu aussi grand que la France. Ou même que l'Europe.

Je crois que je commence à saisir.

— Et toi, tu joues à quel poste ?

— Plutôt sous-capitaine d'équipe, pour Perpignan.

— Et c'est qui le capitaine ?

— Moins on en sait, mieux on se porte. Il est à Poitiers c'est tout ce que je peux te dire.

Poitiers. Depuis tout ce temps, ses « déplacements pour le travail » c'était pour jouer au « rugby », alors. Je lève les sourcils, fascinée par sa ruse mais blessée qu'il m'ait menti. Papa semble lire dans mes pensées.

— De temps en temps, je dois rendre visite aux autres joueurs. Pour étudier la stratégie, tu vois ? Je ne pouvais pas t'en parler avant, tu étais trop jeune. Mais je pense que tu es en âge de comprendre aujourd'hui.

— D'accord.

— C'est de Poitiers que tout est piloté. Perpignan, c'est un peu comme la zone offensive. Idem pour Toulouse. Les joueurs progressent de la Vienne vers les Pyrénées. Nous sommes proches de l'Espagne... et l'Espagne est proche de Londres.

— Pas dans mes cours de géographie.

Papa se laisse surprendre par un rire qui détend l'atmosphère. Il incline la tête en arrière mais grimace de douleur. Sa blessure semble le ramener à une forme d'urgence.

— Bon, bref. Quoi qu'il en soit, c'est comme ça que ça fonctionne. Et si tu ne comprends pas tout du premier coup, ce n'est pas grave, insiste-t-il.

— Ma foi.

— Ce soir j'avais une mission, ma Josie. Je devais transmettre un document à quelqu'un. Mais je pense que c'est trop risqué dans mon état. Est-ce que tu voudrais m'aider ?

— T'aider à foutre les Boches dehors ? Évidemment, papa.

— Il faut être rapide, vive et discrète. Tu te sens prête ?

Prête ? J'y pense depuis que j'ai entendu les bottes allemandes résonner dans Saint-Malo. Ce son me hante. Quand le calme se fait, je n'entends plus que lui. Matin, midi, soir. Entre les complaintes de Micheline, les anecdotes de Ginette, je redoute le silence car je sais qu'ils reviennent, ces pas. Je n'entends qu'eux. Un, deux, un, deux. Ils faisaient vibrer les pavés sous nos pieds. Je les sens encore cogner dans ma poitrine en cadence. Ces lignes de soldats qui franchissent les remparts de la vieille ville. Et puis une note d'espoir. Cet enfant qui leur avait répondu en chantant un hymne de guerre : *« À nous le beau linge blanc... on ira pendr' notre linge sur la ligne Siegfried ! »* Si lui s'était révolté, pourquoi pas moi ?

— Je ferais n'importe quoi qui puisse nous sortir de là, papa.

Il désigne d'un coup de menton l'enveloppe qu'il a posée sur la table.

— Qu'est-ce que c'est ?

— On ne pose pas de questions, Josette.

— On passe juste le ballon ?

— Exact.

Il place ses deux mains autour de mon visage et pose un baiser sur mon front. Il ne peut rien m'arriver.

— Voilà comment ça va se passer. Écoute-moi bien.

16

Je n'avais jamais remarqué à quel point ce tunnel était étroit. La première fois que nous l'avions emprunté, c'était lors de notre arrivée à Perpignan. « Mettons-nous en file indienne à partir d'ici les filles, c'est plus facile. Thérèse, tu fermes la marche ? » Papa nous avait récupérées à la gare avant de nous faire traverser le passage souterrain conduisant à Saint-Assiscle, notre nouveau quartier. « C'est plus rapide. » Les premiers jours, ce long corridor, obscur même en pleine journée, m'avait paru hostile. Mais, maintenant, je le traverse matins et soirs pour aller au collège. C'est mon passage secret.

« Tu empruntes le tunnel, comme si tu allais à la gare, Josette. Tu n'y vas pas par l'avenue de Prades, tu me suis ? Ton interlocuteur t'attendra dans le souterrain. L'échange devrait durer quelques secondes à peine, ne t'inquiète pas. »

Je m'approche lentement. Personne devant l'entrée. Je m'engouffre dans l'obscurité. « Il faudra rester à l'affût. » Je tends l'oreille. « Promets-moi de ne pas te mettre à rêvasser une fois à l'intérieur, Josette. Tu entendras quelqu'un siffler *Auprès de ma blonde*. Ce sera le signal. » Papa a fredonné le chant militaire au moins trois fois pour me le mettre en tête. « Répète après moi Josie : *Auprès de ma blonde, qu'il fait bon, fait bon, fait bon.* » Il oublie que j'ai passé des heures les mains vissées au clavier du piano quand on était en Bretagne. Je l'ai, moi, l'oreille musicale !

« Le type avec qui tu as rendez-vous portera un chapeau. » C'est tout ce que je sais, et papa aussi. On ne voit vraiment rien dans ce trou. Ni type ni chapeau. En attendant, me voici déjà à la moitié du couloir, avec une chanson du XIXe siècle en tête et toujours personne pour me la siffler. « L'échange durera quelques secondes à peine. » C'est sûr, le plan a dû capoter. Ou bien je me suis trompée de tunnel ? Il n'y en a qu'un ici, pourtant. Ou je suis arrivée trop tard. Ou le type est déjà parti. Papa sera déçu, il ne me fera plus confiance. Je ralentis le pas, me retourne une fois, deux fois. Toujours rien. Dans la poche droite de mon manteau, je serre la petite enveloppe que je dois dégainer. Que peut-il y avoir de si important dans une enveloppe ? Peut-être un message pour un prisonnier. Ou pour un fugitif, une taupe. Je n'ai pas le droit de savoir.

Un type s'est engouffré dans le tunnel et me donne un coup de coude en me dépassant. Ce que les gens peuvent être malpolis ! Bousculer les autres comme ça, tout en chantonnant comme si l'espace lui appartenait. Il sifflote en plus, l'air détendu. Je m'arrête. Soudain, je comprends. C'est mon type. C'est lui ! Demi-tour. Je distingue sa silhouette à un mètre devant moi. Il porte un chapeau. Il me tourne le dos mais ralentit en entendant mon pas derrière lui. « Tu devras être sûre de ton coup, Josette. L'enveloppe ne doit pas atterrir entre de mauvaises mains. » *Auprès de ma blonde...*, siffle-t-il entre ses dents. Nous sommes désormais face à face. Je sors la main de mon manteau et lui tends le papier. Il l'attrape délicatement et le glisse dans sa poche. Nous repartons chacun de notre côté. Quelques mètres plus loin, je sors du souterrain. *Qu'il fait bon, fait bon, fait bon.*

Mercredi 28 mars 2018
Perpignan, quartier Sant Vicens
8 h 15

Dans l'entrée d'un petit pavillon, sur un miroir suspendu au-dessus d'une console, le visage d'une dame âgée. Ses yeux sont clairs, espiègles. Rien ne semble leur échapper. Elle n'a besoin de lunettes que pour lire. Pas très haute, elle porte des talons. Ils lui confèrent une « taille acceptable », comme elle aime à le dire. Ce n'est qu'une fois rehaussée de quelques centimètres qu'elle se sent à l'aise. Les cheveux courts et bouclés, le nez légèrement retroussé, les pommettes saillantes, peu de rides, son visage lui en rappelle un autre : celui de sa mère. Plus elle vieillit, plus elle lui ressemble, il faut bien se rendre à l'évidence.

Elle jette un œil à l'horloge. Huit heures passées. Elle est pourtant levée depuis deux heures déjà. Le réveil a sonné beaucoup plus tôt aujourd'hui, même si les gestes à répéter sont les mêmes depuis vingt ans. On ne sait jamais. Rouge à lèvres, boucles d'oreilles. Un dernier coup d'œil à sa permanente. La coiffeuse a fait du bon travail.

Sa fille ne devrait plus tarder mais la vieille dame s'impatiente. Aujourd'hui est un jour important. Ses yeux se posent sur le cadre photo à la droite de la pendule. Un homme aux cheveux gominés lui sourit. Elle lui rend son sourire avant de se replonger dans son reflet à elle. *Je m'appelle Josette Forgues-Torrent et je vais vous raconter l'histoire de mon père.* Non. *Je m'appelle Josette Torrent, je vais vous raconter mon histoire.* Trop pompeux. *Bonjour, je suis Josette Torrent et je vais vous parler de notre histoire, à mon père et à moi.* Mieux.

Un museau tiède frôle son mollet, la faisant sursauter.

— Tu veux prendre l'air, Florie ? À ses pieds, sa chienne de dix ans se trémousse, sentant venir l'heure de la promenade. Josette lui ouvre la porte d'entrée. Et tombe nez à nez avec sa fille, Joselyne. Pas trop tôt.

— Bonjour, maman.

— Bonjour, ma poule.

— Comment ça va, ce matin ?

— Ma foi, répond-elle sans un sourire. Tu n'es pas garée trop loin ?

— Non, juste devant maman, comme d'habitude. Tu as tout ce qu'il te faut ?

— Il me faut rien, à part ma tête, non ? Et à quatre-vingt-dix ans, elle marche encore !

— Alors allons-y ! Je t'aide à monter dans la voiture ?

Josette décline la proposition d'un revers de main. Elle prend place sur le siège passager et pose sa petite mallette sur les genoux. Son trésor. Des centaines de photos classées par date dans trois albums, des dizaines de coupures de presse. Ses souvenirs, ses blessures. Les palmiers du centre-ville défilent. *Quatorze, quinze, seize.* Ils laissent place aux platanes qui bordent la départementale. *Trente-huit, trente-neuf, quarante.* Au loin, la mer. Des cerfs-volants flottent au-dessus du sable. Au fur et à mesure que la voiture avale des kilomètres, Josette se rappelle les tartes aux pommes tièdes, les leçons de piano, le train interminable vers le Sud. La longue mèche de cheveux de pépé, sa copine Ginette. Le tunnel étroit et humide sous la voie ferrée, les uniformes vert-de-gris qui patrouillent, le sourire de son père, les échappées à vélo dans les Pyrénées. Son père. Les tickets de rationnement, la maison de l'oncle Auguste, le lac de Las Illas. Son père. La directrice du collège, les navets. Son père.

— Comment tu te sens ? demande Joselyne, inquiète.

— Ma foi. On verra bien, non ? Je sais ce que j'ai à dire.

— Des journalistes m'ont contactée pour une interview. Je leur ai dit que je verrais avec toi.

— Qu'est-ce que tu as à leur raconter ?

— Mais non, pour te parler à toi, maman. Ils travaillent sur un podcast, apparemment ce serait de la radio sur Internet. Je n'ai pas tout compris. De toute façon, ce n'est pas le bon moment.

— Pourquoi tu dis ça ?

— Parce que le concours départemental de la résistance arrive, que tu as déjà plusieurs discours prévus… et qu'il est peut-être temps que tu te reposes, tu ne crois pas ?

— Me reposer de quoi ?

— De toute cette émotion ! Je sens que ça te travaille. Je m'inquiète parfois.

— Si je ne le fais pas, qui le fera ?

— Il y en a plein d'autres qui peuvent la raconter, cette histoire, maman.

— Oui, mais ce n'est pas la même.

Joselyne souffle et laisse retomber ses deux mains sur le volant, agacée. Même si elle est fière de sa mère, elle voudrait la voir couler des jours plus sereins. Le silence emplit l'habitacle.

— C'est mon devoir, reprend Josette.

— Bon, très bien. Je te mettrai en relation avec les journalistes, alors.

— Même si je n'aime pas trop ça, les interviews.

— Tu avais apprécié le reportage sur FR3, pourtant.

— Apprécié ? Tu as vu leur reconstitution ? La

comédienne qui jouait mon rôle avait l'air sotte. Et elle était blonde, par-dessus le marché !

— Tu es terrible !

— J'aime mieux raconter aux enfants, c'est tout. Ils sont plus vifs. Leurs questions sont moins bêtes.

— Les deux journalistes qui m'ont contactée sont jeunes, eux aussi.

— Bon. D'accord.

La voiture s'engage dans un tournant et débouche sur un bâtiment à l'allure futuriste et aux façades vitrées.

— Je crois qu'on est arrivées, maman. Tu es prête ?

— Je ne serais pas là, sinon.

Josette claque la porte de la Ford derrière elle et se dirige vers l'entrée de l'établissement. Bien qu'elle n'ait besoin d'aucune aide pour marcher, Joselyne prend sa mère par le bras.

Les deux femmes traversent le parking du lycée.

17

Perpignan s'est teintée de gris, en ce mois de novembre 1942. Les Boches arpentent les rues, comme à Saint-Malo. Même si leur entrée a été moins fracassante, leurs bottes claquent, ici aussi, sur les pavés de la rue des Augustins. Je les entends partout : aux abords de la gare, devant chez M. Delai, près de l'entrée du collège. Leurs motos et leurs camionnettes arpentent les grands boulevards dans un bruit assourdissant, à toute heure du jour et de la nuit. Heureusement, Saint-Assiscle est relativement épargné. Nous sommes proches des champs, et les nazis n'aiment pas la boue sur leurs jolies chaussures. Ils préfèrent de loin lorgner les Catalanes qui se promènent autour du Castillet. Quand on les croise, on change de trottoir. Ce sont eux, les patrons. Avec les copains du quartier, on écourte nos après-midi passés sur les bancs du Palmarium. Fini les balades le long de la Basse. Un regard, un « *Raus* », et nous rentrons chez nous. Avec certains, on n'a vraiment pas envie de négocier. D'autant qu'on a déjà assisté à des coups de crosse dans le dos ou des arrestations musclées selon leur humeur. Grands, costauds, mâchoire carrée, l'œil mauvais. Certains paraissent si jeunes ! Ils ont l'âge de Michel-Yves, peut-être.

Le couvre-feu approche. Alors qu'il n'est que 17 heures, la nuit est presque tombée. Le tram arrive et ses portes s'arrêtent pile en face de moi. Gagné ! J'adore faire des paris dans ma tête. *Si le tram s'arrête à ma hauteur, je vais réussir ma composition de géographie.*

Ou : *si le tram s'arrête avant, la guerre sera finie dans moins d'un an.* Tout à l'heure, en rentrant chez moi, j'ai trouvé un mot laissé par ma mère sur la table de la cuisine. Elle m'envoie faire une course en ville :

- 500 grammes de sucre (pour le mois) ;
- 40 grammes de fromage (pour la semaine) ;
- Pain si tu en trouves.

Ces derniers temps, maman enchaîne les livraisons de légumes pour son travail… sans pour autant qu'il y en ait plus sur la table. Comme elle est tout le temps prise, les corvées retombent sur moi. Heureusement, j'en profite pour faire une petite virée en ville. Je flâne dans ces rues où l'on n'achète plus rien. Quelques pommes de terre attendent encore sur les étals, mais la plupart des vitrines sont déjà fermées, faute de ravitaillement. Depuis que Perpignan est passée en zone occupée, pas une semaine ne passe sans qu'un commerce ne mette la clé sous la porte. Avec papa, on fait le tour des campagnes, pour tenter de trouver autre chose que du navet ou des rutabagas. Pour tromper les Allemands qui rôdent, papa a dégotté un pantalon à larges poches dans lesquelles il glisse les haricots blancs glanés chez le primeur. « Comme ça, si on les croise, on n'a rien dans les mains. » J'aurais bien dissimulé à mon tour des petits pois dans le ventre rafistolé de Nin, mais se promener avec un poupon à bientôt treize ans, ça finit par devenir suspect. Alors mon bébé repose désormais sous mon lit.

Je repousse le moment de rentrer à la maison. Comme les copines ne traînent plus dans le quartier, les soirées sont longues à Saint-Assiscle. En général, Ginette rend visite à ses grands-parents le mercredi. Dans le tram, je pose mon cabas à mes pieds. La ligne qui me ramène chez moi passe devant la rue de la République qui pullule de Boches de jour comme de nuit. Depuis la dernière banquette au fond de la rame, je peux contempler les passants tout en suivant les montées et les descentes des usagers. Tiens, le coiffeur de papa vient de monter à bord. Les portes se referment. Dans mon souvenir, le pauvre homme n'avait pas les traits si tirés. À peine reparti sur sa lancée, le tram freine d'un coup sec. Le chauffeur rouvre la portière avant pour laisser monter un passager retardataire. « *Danke !* » L'Allemand qui nous rejoint à bord a l'air essoufflé. Hochant la tête à l'attention du chauffeur en signe de gratitude, il fait quelques pas dans l'allée, à la recherche d'une place assise. Devant moi, le gamin qui racontait sa journée à son grand-père s'est tu. L'officier progresse dans ma direction. *Ce n'est même pas la peine de venir t'installer ici, mon vieux !* Aucun passager ne fait mine de se pousser pour dégager un siège. Personne n'a envie de partager une banquette avec un Hans, un Fritz ou je ne sais qui, même le temps d'une station.

Arrivé à ma hauteur, il me lance un regard affable avant de s'installer sur le seul banc à claire-voie encore inoccupé. Une odeur d'eau de toilette se dégage de son corps trop musclé. Nous dépassons la place Jean-Payra. Personne ne pipe mot. Ils doivent penser qu'on n'a rien à se dire, ces Allemands. Ou qu'on les craint. En s'asseyant, l'officier retire un objet qu'il portait en bandoulière et le pose à côté de lui. Un boîtier métallique relié à une lanière en cuir, couvert d'un cache. L'appareil photo doit valoir une petite fortune. Je pourrais m'en emparer, il n'y verrait que du feu ! M. Muscles est bien trop occupé à lancer des regards insistants à une jeune passagère.

— Très beaux, les fleurs, *Fräulein*.

Il tente une approche peu subtile pour aborder celle qui tient un bouquet de lys contre son buste. Elle lui rend un sourire pincé, impatiente de pouvoir quitter la rame.

Sur le flanc supérieur de l'appareil photo, la loupe indique que la pellicule est pleine. Pleine de souvenirs de vacances en famille ? Non, il est trop jeune pour avoir des enfants. Ce sont peut-être des photos de son arrivée en Catalogne, qu'il développera une fois rentré chez lui. Ou alors des preuves. Quelque chose qui pourrait nous servir. Des indices. Il a peut-être photographié ses collègues, leurs camps de base, leurs entraînements. Papa dit qu'on vit désormais sur une plaque tournante à Perpignan. Que les Allemands ont déployé beaucoup d'hommes dans la région. Qu'est-ce qu'ils font de leur journée, ces nazis ? À part prendre le tram. Si ça se trouve, c'est juste un passionné de portraits. À la sauvette, il photographie les Françaises en terrasse, avant de les dévisager sans vergogne.

Les portes s'ouvrent, laissant descendre quelques voyageurs.

— *Scheisse*, la porte !

L'officier bondit hors de la rame, risquant de se faire broyer au passage ou de broyer les portes lui-même, on ne saura jamais. Encore un peu, il manquait son arrêt ! En plus d'être Boche, il ne connaît pas son chemin, celui-là. C'est ça de s'installer à l'étranger, monsieur.

Sur le banc, l'Allemand a oublié son appareil photo. Une seule station nous sépare du terminus Place-de-la-Gare. Nous ne sommes plus qu'une poignée de passagers. L'appareil trône encore fièrement sur les planches de bois. Il ne faudrait pas qu'il tombe à la prochaine secousse. Je caresse la lanière qui pend de mon côté de la banquette. « Jamais de gestes brusques, Josette. » Une gamine dans sa poussette me fixe du regard. Je ne risque pas grand-chose. *Comment ça, j'ai volé l'appareil, monsieur l'agent ?* Si on m'accuse… il est tombé dans mon sac, voilà tout ! Nous ralentissons, les usagers se rapprochent de la portière arrière. Les yeux rivés sur la vitre, ils me tournent le dos. C'est le moment ! Du bout des doigts, je tire la lanière et fais glisser la boîte à souvenirs. L'objet atterrit dans mon cabas.

« Si tu as l'air suspect, tu attires la suspicion, Josette. » C'est la théorie de mon père, un peu de mise en pratique ne risque pas de faire de mal. La tête qu'il va faire quand je vais lui apporter ma trouvaille ! *Quatre, cinq, six bouches d'égout.* Sur le chemin du retour, je compte. J'occupe mon attention pour ne pas penser à ce que j'ai dans mon sac. Mamie Torrent va s'inquiéter si je ne passe pas d'abord par chez elle. On est mercredi, après tout. Appareil photo volé ou pas, le goûter hebdomadaire après l'école est non négociable. Dans la rue de la Pépinière-Robin, une odeur de marrons grillés embaume l'entrée de l'immeuble. Je m'y engouffre.

— Un chocolat chaud, ma chérie ?

Mamie Torrent a toujours le bon mot au bon moment. C'est comme Micheline mais à l'envers.

— Avec plaisir.

Elle s'éclipse de la cuisine, direction le garde-manger. Elle n'y touche jamais sauf pour récupérer un peu de lait et du chocolat, le mercredi. Dans la famille, on raconte que, depuis ma naissance, mamie accumule des conserves, des condiments, des « au cas où ». Au cas où on viendrait à manquer. Au cas où il y aurait la guerre. Il est peut-être temps d'ouvrir les conserves, maintenant.

— Tu me prends un morceau de chocolat en plus ? Je le rapporterai à Micheline.

— Et un pour moi ! dit papi Pierre en faisant irruption dans la cuisine.

Il m'embrasse les cheveux et s'attable en face de moi.

— Qu'est-ce que tu as dans ton cabas ?

Il désigne du menton la lanière en cuir qui dépasse de mon sac. Mince. Je cède à son regard insistant et sors l'objet avec précaution.

— M'enfin Josette, où est-ce que tu as trouvé ça ? Tu sais combien ça coûte, un machin pareil ?

— Une dame l'a oublié dans le tram.

— Qu'est-ce que ça peut te faire, Pierre ? interrompt ma grand-mère en posant une tasse de chocolat fumant devant moi. Laisse ma Poupée tranquille, voyons !

Je reprends le boîtier des mains de mon grand-père et feins de l'inspecter dans tous les sens.

— Je crois qu'elle était boche, la dame.

— On dirait bien une fabrication allemande, oui. Il faut le déposer au commissariat. Elle voudra sûrement le récupérer. Donne-moi ça avant de l'abîmer.

Mon grand-père attrape l'appareil, mais je refuse de le lâcher. Je serre, autant que lui, l'objet entre mes doigts.

— Mais Papi… on ne sait même pas ce qu'il y a dedans.

Il hausse les sourcils, surpris par mon culot. Je continue d'argumenter :

— La pellicule est peut-être vide ou périmée. Personne ne viendra le chercher…

— Et si cette dame souhaite retrouver son matériel ? Tu aimerais, toi, qu'on te pique tes affaires ? Il faut absolument le rapporter à la police.

La police ? Mais les policiers sont copains comme cochons avec les Boches ! C'est la dernière des bonnes idées. « Si tu as l'air suspect, tu attires la suspicion, Josette. » Je me résigne à relâcher mon emprise et souris à mon grand-père.

— T'as raison, papi. Tu voudras bien t'en charger, demain ?

18

Attablée avec ma mère, j'épluche des navets – pour changer ! –, écoutant d'une oreille distraite Micheline nous raconter sa journée. Quand j'entends la clé tourner dans la serrure, je bondis de ma chaise et me rue dans le couloir.

— Papa, faut que je te raconte ce que j'ai trouvé en ville !

Il me suit dans le jardin, près du potager asséché par l'air frais du mois de novembre. Je lui déroule, telle une réalisatrice, la scène dans les moindres détails.

— Mais alors, l'appareil est resté chez papi ?

— Bah oui. Il ne voulait pas le lâcher !

— Mais pourquoi tu le lui as donné ?

Je lui en pose des questions, moi ? Une lanière qui dépasse, un regard insistant. Fallait lui dire quoi à papi ? Que j'ai économisé depuis deux mois pour m'acheter de la marque allemande et jouer les photographes ?

— Il l'a vu dans mon cabas.

— Il fouille dans ton sac, papi, maintenant ?

Je baisse le regard. Ce n'était peut-être pas assez. Je n'ai pas fait bien, pas suffisamment bien. J'ai pris des risques, grillé ma couverture ou que sais-je encore. Le soufflé retombe.

— Cet appareil pourrait contenir des informations précieuses, ma grande.

— C'est justement pour ça que je l'ai pris !

— Et papi, il compte en faire quoi, exactement ?

— Le rapporter à la police.

Mon père fonce dans la cuisine, passe une tête dans l'entrebâillement de la porte et annonce :

— Il faut que j'aille récupérer des affaires chez mes parents, Thérèse. Je n'en aurai pas pour longtemps. Commencez à manger sans moi.

— Comme tous les soirs en somme. Cet homme-là est plein de secrets, confie maman à Micheline.

Avant que mon père ne sorte, je lui glisse :

— J'ai convaincu papi d'attendre demain avant de faire quoi que ce soit.

— Parfait. On va rectifier le tir. Mon père a toujours eu le sens de l'observation. Je tiens ça de lui et toi aussi. Cet homme-là voit tout. Tu n'aurais pas pu le lui cacher.

Nous mangeons en silence, puis Micheline et moi sommes envoyées dans notre chambre. Lumière éteinte, volets fermés, je ne parviens pas à trouver le sommeil. Les bruits de bottes sur les pavés de Saint-Malo me reviennent en tête. Puis je vois la cuisine de mes grands-parents et j'imagine mon grand-père ouvrir l'appareil-photo et griller la pellicule. Papa va le lui réclamer, papi ne comprendra pas ce qu'il a de si important. L'un et l'autre argumenteront. Il faudra lui dire sans lui dire. Étouffer les soupçons. Prétexter une raison. J'aurais peut-être dû m'abstenir ? Pourtant, mon intuition me souffle qu'il fallait prendre cet appareil.

La porte d'entrée grince. Papa entre dans notre chambre sur la pointe des pieds et s'avance entre nos deux lits. Il pose un baiser sur le front de Micheline puis s'assoit à mon chevet.

— Tu ne dors pas ?

Je me redresse.

— Bien joué pour l'appareil, chuchote-t-il.

— Tu as pu mettre la main dessus ?

— Oui et non. J'ai juste récupéré la pellicule. Je l'ai donnée à un camarade.

— Et ?

— Les négatifs sont prometteurs. Tu peux être fière de toi.

19

— Il y a quelqu'un ?

Le bonheur se trouve dans les petites choses : rentrer de l'école, bras dessus, bras dessous avec Ginette, lui dire « à demain », passer la porte de la maison et apprécier le silence qui s'offre à moi. Il faut dire que mes journées sont épuisantes : à force de faire le pitre en classe pour contrer la mélancolie générale, j'en viens à apprécier aussi le temps passé toute seule. Chaque semaine, il se compte en minutes, moins d'une dizaine tous les mardis soir. Ce jour-là, Micheline a l'autorisation d'aller jouer au parc avec sa bande de copines, toutes aussi bruyantes qu'elle. Maman termine sa journée à fabriquer des cageots. Papa, lui, ne devrait plus tarder.

— Bonsoir, ma fille aînée !

Quand on parle du loup.

— Bonsoir, papa.

— Viens, il faut que je te parle.

Spontanément, nous nous dirigeons vers le jardin pour jeter un œil aux plants de tomates. Un petit redoux en a fait naître quelques-unes en plein hiver. Ce seront les dernières de la saison. Accroupi, mon père me dévoile son idée tout en grattant la terre avec minutie. Il fait mine de palper les monticules du potager, scrute chacune des pousses comme un jardinier expérimenté. Sacré comédien, le père !

— Je crois qu'il faut changer de méthode.

— Pour l'arrosage ?

— Non, le goutte-à-goutte fonctionne très bien. Je parle des documents dans le tunnel, Josette.

— Qu'est-ce que j'ai fait de mal ?

— Rien, ma grande. Tout va bien, tu te débrouilles comme un chef. Mais j'ai peur qu'on prenne trop de risques avec cette méthode. Je me suis dit qu'on pourrait peut-être faire passer les messages dans un cahier. Plutôt que de les donner de la main à la main. Tu comprends ?

— Pas vraiment.

Mon père croque dans une tomate à peine mûre, se relève et me fait signe de le suivre. Il emprunte le couloir et se plante devant la sixième porte de la maison. La chambre vide. Il tire de la poche intérieure de son veston une clé attachée à une cordelette, l'enfonce dans la serrure et s'engouffre dans la pièce sombre.

— Attends-moi là, chuchote-t-il.

Je tente de glisser un œil à l'intérieur mais il referme aussitôt la porte derrière lui. Quelques secondes plus tard, il revient avec mon atlas de géographie dans les mains.

— C'est à moi, ça !

— Minute.

Il ouvre le manuel à la première page.

— Regarde, tu vois quelque chose de particulier ?

Non. L'index des villes de France, la carte du monde. Rien n'a bougé.

— J'ai confectionné une doublure. Ainsi, on pourrait s'en servir comme cheval de Troie.

Je ne vois pas où il veut en venir. Faire passer un document de la main à la main ou un atlas de la main à la main, quelle est la différence ?

— Qu'est-ce que je vais raconter à Mme Lacrosse, moi ? Si j'arrive dans son cours de géographie sans mon atlas, elle se fera un plaisir de me flanquer trois heures de colle. Elle est aussi notre directrice je te rappelle, et tu sais qu'elle ne m'aime pas beaucoup.

— Ne t'inquiète pas pour elle.

Voyant à mon air ébahi que je ne comprends rien, papa prend le temps de m'expliquer, étape par étape, la nouvelle marche à suivre. Quand il a fini de me dérouler son plan, il m'interroge :

— Est-ce que ça te convient ?

— Je pense que c'est une excellente idée, chef ! Juste une question : quand l'as-tu trafiqué, mon bouquin ?

— Je me suis débrouillé.

Une poignée qui se tourne. La porte d'entrée qui s'ouvre.

— Josette, où se trouve le volcan de la Grande Soufrière ? dit aussitôt mon père.

— En Guadeloupe !

Ma mère est rentrée, suivie de ma sœur, toujours dans ses jupons.

— Et le piton de la Fournaise ?

Je sais que c'est à la Réunion. Mais je dois jouer à l'ignare pour que ce soit plus crédible.

— Madagascar ?

— Bon, va réviser ta leçon. Tu trouveras la réponse dans ton atlas.

Dans le couloir, ma mère nous dévisage.

— Tu rentres plus tôt que prévu, maman.

— Je suis allée chercher Micheline au parc. Je ne suis pas tranquille avec le couvre-feu qui a encore été avancé. J'imagine que tu n'as pas dressé la table, Josette ?

— Laisse, Thérèse, je m'en charge, répond papa.

— Toujours à trafiquer, les Torrent. Bon, pour ce soir, on va se régaler, j'ai trouvé des carottes ! Michel, tu me laisseras la clé du débarras ? Je vais avoir besoin d'y accéder. Une livraison de cagettes arrive demain.

Mon père acquiesce. Lorsque nous nous retrouvons seuls à nouveau, il me tend l'atlas. Il me confie tout bas qu'il est prêt à l'emploi, qu'il contient déjà un message dans sa cache et qu'il me suffira de suivre les instructions pour ma nouvelle mission.

20

« Entre le collège et la gare, il y a un jardin public. Tu verras, ils ont installé quelques bancs sur les côtés. Tu t'installes sur celui qui se trouve au milieu du square, dos au collège. Il faut que tu aies la gare dans ton champ de vision. C'est important, Josette. La suite est simple. »

Le lendemain, je prends le chemin de l'école comme à mon habitude. À un détail près, celui qui se trouve dans mon livre de géographie, entre la couverture et la première page. Je me remémore les étapes énoncées par mon père et m'applique à les exécuter. Traverser le tunnel sombre me semble désormais un jeu d'enfant. « À la pause déjeuner, tu t'installes sur le banc, à condition qu'il n'y ait personne. » Bingo ! Aux alentours de midi, la voie est libre. Pas âme qui vive dans ce carré d'herbe. « Tu te poses là, c'est tout. » Je m'assieds et prends soin de placer mes cahiers juste à côté de moi. Ginette va sans doute se demander pourquoi je l'évite sur le temps de midi… « Au bout d'une dizaine de minutes, un camarade devrait venir te retrouver. » Je compte les arbres qui encerclent l'enclos. Quatorze.

Une dame promène son chien. Ils se ressemblent. Pelage bouclé, teinte blonde, presque blanche. Même leurs pas sont coordonnés. Elle est suivie d'un facteur qui traverse le jardin. Heureusement, lui, ne ressemble pas à son caddie. Je m'impatiente. « Ne regarde pas la grande horloge de la gare, tu finiras par maîtriser la notion du temps. Ton indic s'installera à ta droite, Josette. » Comment le reconnaître ? Je ne l'ai même pas demandé à mon père. Il peut être grand ou petit, gros ou maigrichon, français ou non, peu importe. « Il te donnera le mot de passe et tu sauras que c'est lui. »

Quelques minutes s'écoulent – du moins à ce qu'il me semble – avant qu'un visiteur me rejoigne. Du coin de l'œil, je l'ai vu entrer par l'un des côtés du parc. Je ne bouge pas, les yeux rivés sur mon bouquin de géographie. Les volcans me passionnent, décidément. J'entends ses pas sur le gravier. Il approche. Puis je sens son poids s'ajouter au mien sur le banc. Il s'est installé à ma droite, seuls mes cahiers nous séparent. L'homme porte des souliers en cuir brun foncé, un pantalon marron marqué d'un fin liseré beige. Il a l'air élégant, mais je n'en vois pas plus. « Tu ne le regardes pas, Josette. » Je l'imagine en veste de costume ou blouson en cuir dans les mêmes tons. Est-ce que c'est bien lui ? Il déploie un magazine et jette un coup d'œil à son poignet.

— Dix minutes d'attente. Encore du retard sur le rail.

Code validé. Une histoire de train. « Tu verras, laisse-toi porter. Il ouvrira un journal ou un livre, peu importe. Pas de geste précipité, Josette. » Je respire profondément. « Prends le temps. » L'homme tourne les pages trop vite pour pouvoir en lire le contenu. En s'installant, il a déposé sa sacoche sur le banc. Je laisse quelques secondes s'écouler avant de poser mon atlas sur la pile de cahiers. Et puis ? « Et puis rien, tu attendras. Il n'a plus qu'à le prendre. »

Est-ce qu'il porte la moustache ? Des lunettes ? Peut-être un chapeau ? Bon, qu'attend-il pour prendre le livre ? Dans mon champ de vision apparaît, un peu floue, la silhouette de sa main qui s'approche de l'ouvrage. Soudain, deux adolescents font irruption dans le parc. Ils courent dans notre direction. Deux garçons du collège Sévigné. Deux idiots qui ont volé l'autre jour le déjeuner de Ginette. Ils ne doivent pas se souvenir de moi. L'homme se rétracte, pose son bras sur le dossier du banc, comme pour mieux s'y enfoncer, et referme sa revue. Quoi qu'il se passe à ce moment-là, il faut rester concentré. Papa a été ferme : « Un œil sur ton indic, un œil sur ton environnement. Mais ta tête ne bouge pas, ce sont tes yeux qui font le travail. » Et si je m'étais plantée depuis le début ? Si ça se trouve, j'ai mal entendu le mot de passe. Ce monsieur attend vraiment son train. Il lit son journal pour de vrai, et moi je joue aux espionnes toute seule. Les deux collégiens nous dépassent en sautillant et quittent le square en direction de l'école. J'entends leur conversation s'éloigner. À ma droite, toujours rien. Je crains déjà que la cloche sonne la reprise des cours.

D'un geste rapide, l'homme fait glisser mon atlas dans son sac et le remplace par un double, parfaitement identique. Elle était là, l'astuce. Il lui aura fallu trois secondes pour troquer les deux livres. Dans la foulée, la sonnerie signale la fin de la pause. L'homme s'esquive presque sur la pointe des pieds. « Tu patienteras quelques instants avant de ranger tes affaires. » J'attrape mes cahiers et contourne le banc en direction du collège. Ginette doit m'attendre.

21

Les semaines ont passé, mais je surveille sans cesse mon atlas comme une sentinelle. Il ne quitte jamais le fond de mon sac, même quand papa n'y a rien glissé à l'intérieur. Je dois toujours l'avoir à portée de main, du moment où je quitte la maison jusqu'à mon arrivée en classe. C'est là que ça se corse car, au collège, je ne suis plus seule.

Il est beau, mon atlas, même si Micheline a gribouillé dessus. L'autre soir, elle a glissé ses mains crochues dans mon cartable et me l'a piqué quand j'avais le dos tourné. J'ai cru que j'allais devenir folle ! Sur la couverture en carton, on peut lire *Le monde dans votre main*... Désormais, on peut lire aussi « Micheline » dans le *d* de « monde » et « André » dans le *e*. « C'est mon amoureux », a-t-elle expliqué pour se justifier.

Lorsque sonne la cloche du collège qui indique qu'il faut se mettre au travail, je passe en mode chien de garde. Comme mon loulou de Poméranie qui défendait sa pâtée à Saint-Malo. Dès qu'on approchait de sa gamelle, il se cambrait sur ses pattes arrière et se mettait à grogner. Pas touche ! Il y a des matins où mon atlas ne voit pas la lumière du jour. Il reste terré entre deux cahiers, bien au chaud dans la poche principale de mon sac. Mais, quand j'ai cours de géographie, je suis bien obligée de le sortir comme tout le monde. Je construis un petit tas de cahiers, avec des feuilles de brouillon et des manuels scolaires. Je le pose au sommet, pas trop en évidence ni trop caché. J'ajoute par-dessus mes crayons à papier. Je pose le tout à proximité de mon plumier. La chorégraphie se déploie, méthodique, précise. Chaque geste est maîtrisé. Papa dit qu'il faut toujours agir comme si on était observé. Voilà, c'est parfait. J'ai devant moi un temple fortifié dont je suis l'unique gardienne. J'observe les livres des autres. Tous pareils, en apparence. Et si quelqu'un se trompait d'atlas et emportait le mien ?

Ginette rouspète constamment quand je m'étale au-delà de ce qu'elle estime être sa moitié de la table.

— Tu prends trop de place avec tous tes cahiers, là, Josette ! Nous avons tracé une ligne, tu te souviens ?

Les tables sont situées à moins d'un mètre les unes des autres. Je me place souvent à gauche, côté fenêtre, et Ginette, à droite. Notre plan de travail, soudé à un seul et unique banc, se trouve à proximité du bureau du professeur. Au deuxième rang, « pour bien entendre sans être en première ligne ». Cette explication convient à Ginette qui ne voit pas que mon petit manège vise surtout à limiter les tentatives d'intrusion dans mon temple.

Lorsque je passe au tableau ou que je me retrouve face au professeur, je m'arrange pour avoir l'atlas et Ginette toujours dans mon champ de vision. Rester concentrée. Paraître naturelle. Pendant les récréations, entre deux heures de géographie, je trouve systématiquement un prétexte pour occuper le couloir près de la salle de classe. Je demande à mon amie de rester à mes côtés, prétextant un mal de tête ou de ventre. Ça me permet de garder un œil sur la porte entrouverte, tandis que Ginette me raconte toute penaude sa triche au dernier contrôle de français ou ses déboires amoureux avec Jean.

— Dis, tu m'écoutes, Josette ?

Quiconque s'approche de mon atlas déclenche aussitôt en moi un haut-le-cœur. Je ne sors pas les crocs comme Rex, mais j'ai les poils qui se hérissent. Je regarde. J'épie. Je tends l'oreille. J'ai la sensation que le temps s'étire pour me laisser la possibilité d'élaborer mille scénarios au cas où quelqu'un s'en empare. La couverture de papa est en jeu.

Après les volcans, place au continent européen. Depuis deux ans, les cours d'histoire-géo ont été revus par le ministère de l'Éducation nationale. Apparemment, certaines frontières ont bougé entre la France et l'Allemagne. La géographie me passionne autant que la couture sur soie. Tout me semble plus intéressant que ce qui se trouve noté au tableau. Mme Lacrosse nous impose quelques minutes en silence pour recopier une leçon.

— Tu me le prêtes, Josette ? demande Ginette à voix basse en pointant mon livre du doigt.

— Non.

Mon ton ne lui est pas familier.

— Mais laisse-moi au moins regarder avec toi, j'ai oublié le mien à la maison !

— Tu n'y touches pas.

— Silence ! crie Lacrosse. Torrent Déchaîné, apportez-moi ce livre.

Elle a la voix sévère, les sourcils froncés. Ses yeux noirs, encadrés par la monture épaisse de ses grandes lunettes, ne me quittent pas une seconde. Je me lève pour lui apporter le manuel. Durant les quelques mètres qui me séparent de son bureau, je pense à mon père. Que va-t-il penser de mon imprudence ? Lacrosse paraît si vieille… Ses méthodes d'enseignement consistent à distribuer des punitions à tour de bras. Elle n'a que faire de nos justifications. Personne n'a jamais tenté d'avoir le dernier mot avec elle, pas même moi. Mes camarades de classe gardent le nez dans leur cahier. Je me plante devant la directrice comme un caniche tremblotant, l'atlas serré contre mon cœur.

— Eh bien ? fait-elle en tendant la main dans ma direction.

Je lui remets le livre et retourne m'asseoir en lissant ma jupe rapiécée. Mme Lacrosse vérifie que nous avons bien terminé de copier la leçon avant de poursuivre son cours. Nous voilà deux à suivre sur le livre d'une troisième, maintenant. Merci, Ginette ! Mon précieux atlas ne bouge pas jusqu'à la fin de l'heure.

Quand la cloche retentit, Lacrosse nous donne un devoir pour la semaine suivante. D'ordinaire, la moitié de la classe quitte les lieux avant la fin de la sonnerie. Mais, en cours de géographie, on attend le traditionnel hochement de tête de la directrice pour pouvoir lever le camp. Je range lentement mes affaires, sans les quitter des yeux. Lacrosse, l'atlas, Lacrosse, l'atlas, Lacrosse… Ginette ! Elle me bloque la vue. Je m'incline, me recule, me cambre, tentant de retrouver mon précieux livre. Soudain, entre deux flots d'élèves, j'aperçois Mme Lacrosse l'atlas entre les mains. Haut-le-cœur. La tête penchée sur l'ouvrage, elle lève les yeux vers moi sans bouger. J'attrape mon sac pour la rejoindre. Elle me fixe toujours. Quand j'arrive à sa hauteur, elle me tend le livre.

— Faites attention, Torrent.

J'acquiesce et tourne les talons. Dans mon dos, l'enseignante ajoute :

— Il ne faudrait pas qu'il tombe entre de mauvaises mains.

22

— Tes abcès ont l'air d'avoir disparu ?

Mon père, courbé sur son bureau, laisse apparaître le bas de son crâne dégagé entre son béret et son col de chemise.

— Disons que j'ai de moins en moins mal, répond-il d'une voix étouffée.

Il attrape le journal posé sur un coin du bureau et recouvre d'un geste vif un tas de papiers. J'enlève mon manteau en jetant un œil dans le couloir.

— Maman et Micheline se sont arrêtées chez le boulanger.

— Tant mieux.

— Tu peux retirer le béret si tu es guéri.

— Il ne te plaît pas, c'est ça ?

— J'aime bien quand tu coiffes tes cheveux en arrière, moi.

— Tu n'aurais pas des devoirs à faire, jeune fille ?

Je passe le pas de la porte et pénètre dans la chambre. Papa dépose le crayon qu'il tenait en main et se redresse avec l'air de quelqu'un qui voudrait vous passer un savon mais n'y arriverait pas.

— Dis donc, toi et ta malice, qu'est-ce que vous avez appris à l'école, aujourd'hui ?

Tentative de reprendre la main sur notre conversation. Son sourire me donne envie d'être impertinente.

— On ne pose pas de questions, pas vrai ?

— Exactement.

— On a appris les circuits électriques, aujourd'hui. Et toi, tu lisais le journal, c'est ça ?

— Qu'est-ce que j'ai dit sur les questions ?

— Que moins on en sait, mieux on se porte. Message reçu.

Je tourne les talons et quitte la pièce à grands pas. Apparemment, les demis de mêlée ne sont pas les bienvenus à la table des capitaines. Je m'enferme dans ma chambre, me retenant pour ne pas claquer la porte derrière moi. À peine suis-je sur mon lit que mon père passe une tête.

— Josette, il y a des choses que je ne peux pas te dire.

— Tu ne me fais pas confiance ?

— Il ne s'agit pas de ça. Je te fais confiance les yeux fermés.

— Alors pourquoi tu me caches encore des choses ?

— Parce qu'on prend des risques tous les jours. Et que c'est mon devoir de te protéger.

— Tu as dit qu'on jouait en équipe, papa. Tu m'as demandé de l'aide. J'ai déjà un pied sur le terrain, ne me laisse pas de côté.

Mon père fait la moue. Il hésite. Je m'engouffre dans la brèche.

— Si je t'aide, peut-être que ça ira plus vite ? Peut-être qu'on sera plus efficaces ? Et puis, moi aussi, j'ai envie de les foutre dehors, ces Boches.

Il quitte la pièce sans me répondre. Je sors de ma chambre et le vois traverser le couloir, une chaise à la main, prêt à l'installer à son bureau.

— Bon, tu viens ?

Sous la lueur de la lampe de chevet, mon père repousse le journal qui masquait les documents. Il me laisse les parcourir à ma guise. A priori, rien que je n'aie déjà vu : des lettres manuscrites, des enveloppes, des timbres pour la France. Une plume et un encrier. Quelques cartes postales. Une plage, un port de plaisance avec son coucher de soleil sur la Méditerranée et, dans le coin inférieur droit, la destination écrite à la main : Port-Vendres. Des souvenirs de vacances, de sorbets et de baignades. Comme il a fait beau, comme on s'y est plu ! Un séjour inventé de toutes pièces. Au verso, je reconnais son écriture soignée. Le courrier est adressé à un certain Rex.

— Rex, comme notre chien ?

Je repense à toutes ces fois où il se roulait dans les crottes des vaches devant la maison. Ma mère, ça la rendait folle. Micheline et moi étions pliées en quatre quand il revenait maculé de bouse. Au moins, il avait le don de nous faire rire.

— Rex, c'est le patron. Et maintenant, tu oublies.

Donc, le grand chef a un nom de chien. Pourquoi pas.

— Tu me cachais des cartes postales ?

— Josie, tu te souviens de nos vacances à Port-Vendres ?

— Non, pas du tout.

— Parce qu'elles n'ont jamais eu lieu. Ces lettres sont des messages codés.

Je promène mes mains sur le bureau, à la recherche d'un exemple.

— Tu vois, ça, c'est une lettre prétexte : une carte postale, un courrier dans lequel tu racontes tes vacances ou une anecdote, peu importe. Il faut que cela n'ait l'air de rien.

Il attrape une feuille parsemée de trous.

— Et ça, c'est une grille. Les trous sur la feuille permettent, par exemple, de lire un mot sur deux ou sur trois. Une fois positionnée sur la lettre, elle délivre le message au destinataire.

— Je peux essayer pour voir ?

Papa me tend le texte qu'il vient de rédiger. Je le lis à voix haute :

— Et alors ?

— Place la grille sur le texte maintenant.

Je lui prends la feuille des mains et la pose sur le courrier. Seuls quelques mots sont désormais visibles.

— Tu vois Josette, le feuillet laisse apparaître seulement les informations qui nous intéressent.

— Mais alors n'importe qui peut décoder le message.

— Bien vu. C'est pourquoi, les deux pièces ne doivent jamais arriver ensemble. Le code, et la lettre.

— Mais comment tu les envoies, dans ce cas ?

— La lettre arrive par la Poste, et le code, par ton atlas. Tous les messages cryptés ne se lisent pas de la même façon. Parfois, il faut compter, dans un mot, une lettre sur cinq ou sur six. Et, lettre après lettre, un nouveau terme apparaît. Puis un autre, et un autre. Une phrase émerge du texte original. D'autres fois, il faut suivre une suite de chiffres qui équivalent chacun à la position d'une lettre. On doit compter par exemple la première, la douzième puis la troisième, pour former le premier mot. Et ainsi de suite jusqu'à obtenir une phrase qui ait du sens.

— Et pour qui on les écrit ?

— Les messages transmettent des informations qui peuvent intéresser les Américains ou les Anglais, comme le nombre de bateaux allemands dans tel port. Les trains qui arrivent dans telle gare. Les voitures postées dans tel quartier à telle date. Toutes les positions ennemies qu'on sait désormais aux mains des Allemands. Tant que les Anglais n'ont pas accès au sol français, c'est à nous de leur transmettre ces renseignements.

— Je peux en écrire, moi aussi ?

23

Les jours où on nous fout la paix à l'école sont rares. Cette semaine, les professeurs ne nous ont imposé aucun devoir. Pas de travail à rendre, aucune leçon à réviser. Le bonheur. Mon endroit préféré pour profiter de ces moments libres : les entrepôts où travaille papi. Maman pensera que j'ai un cours à réviser. Micheline pensera que maman a raison. Et, moi, je pourrai ne penser à rien.

Pour retrouver papi et mamie Torrent, j'emprunte directement le tunnel sous la gare. Le bâtiment des entrepôts Dubonnet abrite aussi le logement de mes grands-parents. De jour, l'imposante façade en briques orange dessine l'angle entre le boulevard Saint-Assiscle et la rue de la Pépinière-Robin. En chemin, j'aperçois papa et quelques camarades qui fument près du hangar marchand et se racontent de mauvaises blagues, s'esclaffant, gesticulant dans tous les sens. Tout le voisinage peut profiter de leurs petits numéros. Chez les Torrent, on a le sens de l'humour.

— Tiens, Michel, voilà l'enfant terrible !

Mon père s'accroupit pour m'embrasser. Ses amis m'intimident un peu mais je sais, dans le fond, que je suis leur protégée.

— Et alors, ma grande ? Tu n'as pas de devoirs aujourd'hui ? dit Éric, le plus costaud de la bande.

Il rêve de devenir comédien et prend des cours de théâtre. Dès notre arrivée à Perpignan, papa et lui sont devenus très proches.

Il lui parlait de la troupe des Tréteaux malouins. Éric lui montrait des affiches publicitaires pour lesquelles il avait posé. Il lui arrive de jouer les mannequins dans des réclames pour des marques de vêtements. « Le mannequinat oui, mais jamais pour les Boches ! » Avant d'habiter dans les Pyrénées-Orientales, Éric était strasbourgeois. Mille fois déjà, il m'a raconté comment plusieurs marques allemandes l'avaient contacté pour qu'il pose pour de grands magasins. Mais Éric a des principes. Avec papa, ils ne sont pas copains pour rien.

— Une leçon à réviser, monsieur l'acteur. Les fleuves et rivières de France. Je peux même te montrer mon journal de classe.

— On te fait confiance. Mais interro dans une heure ! répond Louis.

C'est le plus doux des amis de mon père. Il habite dans la rue perpendiculaire à la nôtre. Sa tenue de cheminot sur le dos, il vient de finir son service. Lui aussi, c'est le petit protégé. Le moins vieux des copains. Toujours fourré avec papa, à tel point que ça finit par agacer ma mère. « Louis peut attendre pour la partie de pétanque, Michel. Il n'a pas d'enfant, toi, si ! »

Une nouvelle recrue semble avoir rejoint la bande. Je ne l'ai jamais vu. Longiligne, il dépasse les autres d'une bonne tête. Il me sourit, poliment.

— Josette, je te représente Hugo. Il arrive tout droit de Metz.

Je lui fais un signe de tête.

— Alors c'est toi *la* Josette, reprend-il avec un accent lorrain.

— Il faut que j'aille réviser. Je vous retrouve ensuite ?

— À la bonne heure !

Le copain me salue, lisse sa moustache et me fait un signe de la main. Avec cette excuse des leçons, l'enfant studieuse que je suis parvient toujours à berner tout le monde.

Je me faufile à l'intérieur de la bâtisse. Il n'y manque rien, et j'y ai même ma propre chambre. On peut entendre les ouvriers du hangar d'à côté faire rouler au sol les barils d'alcool. C'est ici que papi Torrent fabrique de la mistelle à partir du vin avant de l'expédier aux clients. À Thuir, le breuvage sera transformé en Byrrh. J'ai le droit d'en goûter depuis peu. Une drôle d'odeur, quand même, cette boisson. Maman dit que, si j'en bois trop, je risque de voir double, ou triple. J'imagine trois Micheline à la maison.

Comme ma grand-mère est de sortie, je fais l'impasse sur la cuisine et me rends directement dans ma chambre. Percée d'une fenêtre, la pièce est sommaire : elle dispose d'un lit, d'une table et d'une chaise où je m'installe. Les devoirs aujourd'hui c'est un message codé ! Papa m'a chargée d'écrire un courrier crypté destiné à Claude, mon copain de quartier. Nous ne sommes pas si proches dans la bande, alors pourquoi lui ? Je n'ai pas posé la question. « Une carte postale, Josette. Comme je t'ai montré à la maison. » Papa ne m'a donné que quelques consignes : il faut mentionner la ville de Gruissan dans le texte, parler de vélo et de pièces détachées. Le reste, je peux tout inventer. Claude saura décrypter le message, paraît-il. Alors je l'imagine à la mer avec ses parents et sa petite sœur, sur les chalets à pilotis au bord de la Méditerranée.

Mercredi 28 mars, 2018
Lycée Christian-Bourquin, Argelès-sur-Mer
8 h 55

— Bon, ce qu'il faut comprendre c'est qu'à l'époque la Résistance n'est pas vraiment organisée... Du moins pas aussi bien organisée qu'on l'imagine aujourd'hui... Les réseaux poussent un peu partout en France, certains plus structurés que d'autres.

Au tableau, un homme, la cinquantaine, tente de construire son propos. Il y a beaucoup à dire, mais il faut pouvoir synthétiser. Les élèves ne retiendront pas tout, il le sait. Certaines périodes les fascinent plus que d'autres. Pour les aider à visualiser les enjeux, il a affiché une carte du territoire de l'époque. On y aperçoit le tracé rouge de la ligne de démarcation qui scindait la France en deux. Le nom « Vichy » est écrit en gras, précédé d'une étoile pour indiquer que c'est la nouvelle capitale. Des flèches noires symbolisent l'avancée allemande sur le sol français. Le professeur a tiré plusieurs ficelles de lin entre l'Hexagone et des photos d'époque qui gravitent autour du poster. Ici, des chars qui stationnent sur des grands boulevards lyonnais. Là, des foules toulousaines en attente de tickets de rationnement sur une place de marché. Et puis, à l'est, un portrait du maréchal Pétain.

— À Perpignan, comme à Toulouse d'ailleurs, on est sur une plaque tournante. Un lieu de passage capital pour les résistants, les aviateurs ou encore les Juifs persécutés par les nazis. Pourquoi ? Parce que ces villes sont proches des Pyrénées, et donc c'est plus facile de faire évacuer des gens vers l'Espagne pour ensuite rejoindre des pays alliés, comme le Royaume-Uni. Jusqu'au milieu de l'année 1942, il est plus simple de le faire chez nous dans le sud que dans le nord du pays. Pourquoi, selon vous ?

Silence. Les élèves se rappellent que c'est le moment de feindre l'intérêt. Une main se lève, toujours la même.

— Oui, Irène ?

— Parce que c'est en zone libre.

— Exactement. À l'époque on appelait ça la *zone nono*, comme *zone non occupée*. « Libre », c'était trop fort comme terme. Ça sous-entendait qu'ailleurs on ne l'était pas... Et donc, que se passe-t-il à la fin 42 ?

— Toute la France est occupée ? tente Irène, au premier rang.

— C'est ça, les Allemands sont partout. Ça grouille. Surtout dans le Sud-Ouest. Un certain Jean Moulin est nommé pour unifier tous ces groupes au sein du Mouvement uni de la Résistance. Erwann, on le surnommait comment, Jean Moulin, à l'époque ?

Le jeune garçon relève la tête de son téléphone, posé sur son bureau. Surpris par la question du professeur, il improvise.

— Je ne sais pas moi, m'sieur... J.-M. ?

— Oui, c'est ça. J.-M. et C.D.G., pour Charles de Gaulle. Range-moi ce portable.

Dans la classe, une autre main se lève.

— Oui Sarah, je t'en prie ?

— C'était pas quelque chose comme... Max, je crois, ou Rex ?

— Les deux en fait ! Il avait plusieurs surnoms. Son boulot, à lui, consistait à mettre de l'ordre dans tout ça.

Le professeur d'histoire emporte les élèves dans le temps. Il décrit les missions auxquelles s'astreignent les mouvements de résistance de l'époque. Les faux documents, le renseignement, les planques pour les Juifs, les réseaux d'évasion, la presse clandestine.

— Mais alors, dans le Sud, ils faisaient quoi, les résistants ? demande Khedidja.

— Les résistantes, tu pourrais dire ! Il y a énormément de femmes qui ont œuvré dans cette armée de l'ombre. D'ailleurs, l'un des plus grands réseaux, le réseau Françoise, était tenu par une couturière toulousaine : Marie-Louise Dissard. Elle déguisait en pêcheurs les aviateurs britanniques tombés sur le sol français pour leur faire réintégrer la Royal Air Force. Elle en a sauvé des dizaines. Quand elle se faisait contrôler par les SS, elle prétendait être folle.

L'audience se réveille. Dans les yeux des élèves, des scénarios de films s'enchaînent. Une femme, des pilotes, des costumes. Le professeur tient le bon bout. Sa classe veut des histoires palpitantes, du suspense, des personnages et des décors. Vingt-cinq paires d'yeux se dirigent vers lui. Il poursuit.

— Et puis il y avait aussi des réseaux de renseignement.

— Un peu comme dans *Le Bureau des légendes* ? lance Erwann.

— Oui, voilà ! Des gens qui œuvrent dans l'ombre pour glaner des informations et les faire remonter au plus haut niveau. Mais toujours dans le secret. C'est le cas du réseau Gallia par exemple, l'un des plus vastes à Perpignan. Il a compté jusqu'à deux mille cinq cents agents qui géraient, partageaient et collectaient des renseignements militaires et policiers. Des types se retrouvaient dans des parcs, à des arrêts de tram, sur des places de marché. Mais on ne savait jamais vraiment qui était qui. Il ne fallait pas se gourer.

— Et qu'est-ce qu'ils s'échangeaient, alors ?

— Des informations qu'on faisait remonter au siège de la Résistance, à Londres. Et que les Britanniques ne pouvaient pas obtenir depuis chez eux. À l'époque, y avait pas Internet. N'est-ce pas, Erwann ?

On toque à la porte, pourtant déjà entrouverte. Dans l'encadrement apparaît une petite silhouette aux cheveux bouclés, lunettes au bout du nez, sac à main à l'épaule, perchée sur des talons aiguilles que l'âge n'a pas effrayés. Elle passe une tête dans la pièce.

— Madame, entrez, je vous en prie !

— Je ne savais pas si c'était la bonne salle.

— C'est ici, oui.

— Je ne vous dérange pas ?

— Au contraire, vous tombez à pic. Je viens de terminer l'introduction. Venez, prenez place ici.

L'orateur ramasse ses affaires en désordre sur son bureau, avant d'y installer son invitée. Soucieux de rendre ses cours vivants, l'enseignant a toujours cherché à mettre de l'humain au cœur du programme scolaire. Son cours n'a de sens que si ses élèves peuvent faire le lien entre les chiffres, les dates, les cartes et les gens qui ont fait la grande Histoire. Ceux dont on se rappelle les noms, les Jean Moulin et les de Gaulle, mais aussi les anonymes. Ceux que l'on croise tous les jours, sans savoir que leurs choix, même les plus minimes, ont changé le cours de nos vies. Les Français qui ont participé à la collaboration, ceux qui ont dénoncé, qui ont indiqué l'adresse exacte d'une famille juive qu'ils connaissaient pourtant depuis longtemps. Ou, à l'inverse, ceux qui ont pris tous les risques pour sauver des inconnus. Un voisin, un enfant, souvent celui d'un autre. Ceux qui ont donné, offert un bout de pain, des vêtements ou un abri, ceux qui ont saboté des trains et libéré des villes entières.

Depuis plusieurs années, l'enseignant s'intéresse à la Résistance à l'échelon local. Il s'est rapproché des associations pour créer du lien avec ses élèves. « On s'en fout, des manuels scolaires, il leur faut de l'humain, aux jeunes ! », a-t-il asséné à ses collègues dubitatifs. « S'ils ne font pas le lien avec la vie de ces gens, ils oublieront. Il faut transmettre. » Un jour, par voie de presse, il a entendu parler de l'Union départementale des anciens résistants. Décrochant son téléphone, il les a contactés. Est-ce que quelqu'un souhaiterait venir s'exprimer devant sa classe ? Un nom, en particulier, a émergé, celui d'une dame qualifiée par la presse de « plus jeune résistante de France ». Convaincu de l'importance du devoir de mémoire, il a donc approché cette retraitée, persuadé de rencontrer bientôt une dame à l'autorité aussi imposante que la carrure.

Mais c'est une petite femme timide, au sourire poli, qui se tient aujourd'hui devant lui. Pas du genre à interrompre un cours. Son discours est rodé – ce n'est pas la première fois qu'elle se prête à l'exercice –, pourtant le trac n'a pas disparu. Sous les regards bienveillants, elle prend la place du maître. Avec prudence, elle sort de son sac un vieil atlas de géographie, s'apprêtant à livrer, une fois de plus, l'histoire qui est la sienne. Cette expérience hors du commun qui l'a marquée, façonnée, qui a fait de l'enfant légère et insouciante d'hier, l'adulte introvertie et réservée d'aujourd'hui. Raconter ce morceau de vie qui a changé la sienne, et sans doute celle de tant d'autres.

— Je m'appelle Josette Forgues-Torrent, je suis née le 15 avril 1930 à Perpignan et j'ai été résistante. J'ai œuvré pendant deux ans dans le réseau Gallia. Je travaillais pour mon père.

Dans un silence qui lui rappelle celui des commémorations d'après-guerre, l'agente de liaison déroule son témoignage. La petite enfance à Perpignan, les années bretonnes, le théâtre avec son père. Puis la fuite vers la zone libre, Nin, le poupon, l'argent dissimulé. Les enfants boivent ses paroles. Les débuts de la Résistance, les premiers échanges dans le tunnel, l'atlas. Durant plus d'une heure, elle raconte. Depuis le bureau du professeur, elle ouvre le manuel de géographie.

— C'est ici que mon père avait fabriqué une cache pour insérer les documents que je devais faire passer.

— Mais, alors, vous étiez une espionne, madame ? demande Irène.

Au premier rang, l'élève aux lunettes rafistolées lui rappelle Ginette, son alliée du quotidien.

— Une espionne... Oui, si on veut. Je faisais du renseignement, en quelque sorte.

— C'est ce dont je vous parlais tout à l'heure, les jeunes. Les agents de liaison, comme Mme Forgues-Torrent, transmettaient des informations sur les positions ennemies, par exemple. Mais ils devaient être le plus discret possible, ajoute le professeur posté au fond de la classe.

— Donc on passait par plusieurs canaux. Parfois, c'étaient des enveloppes dans lesquelles on glissait des indices, puis ça a été l'atlas. Mon père m'avait même appris à coder. J'aimais beaucoup, c'était assez ludique. Je devais écrire des cartes postales ou des lettres bidons à des amis. Et, au milieu de mes récits de vacances, j'indiquais en réalité tout autre chose. Des renseignements qui pouvaient intéresser les Anglais et les Américains.

— Vous écriviez quoi, par exemple ? renchérit l'élève, admirative.

— Je ne m'en souviens plus vraiment. Je me rappelle que j'avais un copain de quartier à Saint-Assiscle. Un certain Claude. On faisait partie de la même bande. Son oncle était dans la Résistance, lui aussi, mais cela faisait un bout de temps qu'on n'avait plus de nouvelles. Il était peut-être en danger, et sa famille s'inquiétait... d'autant qu'à l'époque il n'y avait pas de téléphone ! Mon père avait fini par retrouver sa trace. Il m'avait alors demandé d'envoyer une carte postale à son neveu, mon camarade. J'ai écrit un texte crypté.

— Et vous avez mis quoi, dans la carte, alors ? s'enquiert Khedidja.

— Oh ! c'était trois fois rien. Quelque chose comme « Cher Claude, j'espère que tu passes de bonnes vacances d'hiver à Gruissan. La plage par temps frais ça doit être quelque chose ! Je crois que je préfère la montagne. Ici on s'occupe comme on peut. J'ai fait réparer mon vélo, un miracle. Les pièces détachées commencent à manquer dans les boutiques en ville. On se voit à la rentrée de janvier ? À bientôt ! »

— Et ça voulait dire quoi ?

— J'ai appris plus tard que l'oncle s'était engagé dans un maquis. La carte servait sans doute à rassurer la famille de Claude et à indiquer qu'il se trouvait dans les montagnes.

Au fond de la classe, le professeur place sa main devant sa bouche. L'émotion le gagne. Cette histoire, il l'a déjà entendue, mais sous un autre prisme. Tandis qu'il ravale un sanglot, ses élèves enchaînent les questions, veulent des détails. Tous les bras se lèvent en même temps, et Josette se fait l'arbitre du tour de parole. Alors que la sonnerie de 10 heures interrompt l'interrogatoire, elle invite les adolescents à venir contempler son atlas. Comme une foule de fans, ils accourent. Au verso de la couverture, Josette leur montre la croix de Lorraine, symbole de la Résistance, qu'avait griffonnée son père aux crayons de couleur. Le professeur intime à ses élèves d'aller prendre leur pause, la discussion reprendra dans un quart d'heure. Il s'approche de la petite dame, visiblement secoué.

— Madame Torrent... Quelle entrée en matière ! Vous les avez vus ? Ils étaient captivés.

— Ma foi, oui. J'aime la curiosité des jeunes. Ils me surprennent chaque fois avec leurs questions.

— Puis-je vous en poser une, moi aussi, madame ? Quel était le nom de famille du camarade à qui vous avez écrit la carte postale ?

— C'était Claude... Claude... ah ça m'échappe. Punaise.

— Sougné ? Claude Sougné ?

— Oui ! Voilà, Claude Sougné, vous avez raison.

— C'est aussi mon nom, madame. Claude Sougné était mon père. Et je porte le même prénom que lui.

24

Février 1943 fait tomber les premiers flocons de neige sur la ville. Il signe aussi l'arrivée d'un cinquième membre de la famille. Désormais, j'ai un petit frère. Nous n'avons pas de lien de sang mais qu'importe, c'est ainsi que je le considère. Je me suis prise de tendresse pour sa tête blonde et bouclée. Jeannot a deux ans et demi, il sait presque compter deux par deux et sauter à cloche pied, mais uniquement du gauche. Il affectionne particulièrement les épagneuls bretons ; comme moi, il a horreur des navets et rêve de faire des numéros de cirque.

En ce mardi matin glacial, quand je quitte la maison, nous ne sommes encore que quatre : papa, ma mère, ma sœur et moi. Au retour de l'école, nous sommes cinq.

— Jeannot va rester avec nous quelque temps, dit ma mère quand je pousse la porte de la cuisine. Un petit blondinet en salopette est assis à table, haut comme trois pommes, les pieds dans le vide, occupé à crayonner sur une feuille de journal. Il lève de grands yeux gris vers moi, puis me décoche un sourire. Un de ceux dont on sait tout de suite qu'ils s'imprimeront toute une vie. Un petit garçon au regard pur et heureux. C'est devenu tellement rare de nos jours, à part sur le visage joufflu des bambins qui ornent les affiches de Vichy célébrant la famille. Il lui manque deux dents, à Jeannot, celles de devant. Ça lui donne un air coquin. À voix basse, je demande à ma mère :

— Et… sa maman ?

— Elle est malade, à l'hôpital, mais elle passera le chercher quand elle se sentira mieux.

Pour l'accueillir dans notre famille, je souris de toutes mes fossettes au petit bonhomme.

— En tout cas, ce sont les explications données par ton père, ajoute maman.

Plus tard, papa nous rejoint dans la pièce. « Thérèse, as-tu besoin de quelque chose pour le souper ? » La cuisinière lui répond qu'un peu de persil du jardin ne serait pas de refus. Ça fait plusieurs fois qu'elle me demande d'aller en chercher, d'ailleurs, mais je suis visiblement trop occupée avec Jeannot. Faut avouer qu'il est mignon, le petit édenté. J'attends qu'il finisse de me raconter pourquoi il dessine un cheval à cinq jambes et je rejoins papa dans le jardin.

— La mère de Jeannot est en Espagne.

— Thérèse m'a dit qu'elle était à l'hôpital.

— N'appelle pas ta mère comme ça, Josette…

— Pardon.

— Oui, c'est ce que nous avons convenu de dire. En réalité, je lui ai fait passer la frontière ce matin.

— Et lui, alors ?

— Impossible pour le petit. Trop risqué.

— Elle doit être très triste sans son garçon… C'est qui, sa mère, au juste ? Une résistante ?

Papa marque un temps d'arrêt. Chez les Torrent, on ne pose pas de questions. Je le sais, mais j'ai appris à insister un peu. Quand même, j'ai le droit maintenant !

— Elle est l'épouse d'un officier de l'Armée française.

Il cueille quelques brins de persil rabougris par le froid. Je n'aurai rien de plus. Avant de tourner les talons, mon père pose un baiser sur mon front.

— Tu t'occupes bien de lui, d'accord ma Josie ?

— Oui, oui, bien entendu, papa.

« C'est ce que nous avons convenu de dire. » De quoi parle-t-il, au juste ?

— Papa ?

— Josette, il fait un froid de canard, rentre donc boire un bouillon, lance-t-il, en rentrant dans la maison.

Je me gratte l'arrière du crâne. Pourquoi aurait-il convenu d'une histoire avec ma mère ? C'est avec moi que papa complote près des plants de tomates, avec moi qu'il décortique les messages cachés dans l'atlas, avec moi qu'il dicte les cartes postales, avec moi qu'il… Mes pensées défilent à mille à l'heure. Passer la frontière ? Il était pourtant là, ce matin, il nous a accompagnées à l'école, Micheline et moi. Maman était contrainte par une livraison… Le froid m'empêche d'y voir clair. Je traverse le jardin, manquant de me cogner au cerisier effeuillé et de trébucher sur la dalle en pierre. Je m'engouffre dans le couloir, le sang battant dans mes tempes. La porte de ma chambre est entrebâillée. Papa est accroupi près de Micheline et semble lire avec elle l'une de ses leçons. Dans la cuisine, maman touille le potage dans la grande marmite en fredonnant :

— *Tous les oiseaux du monde viennent y faire leur nid…*

Que mon père débite un mensonge pour expliquer la présence de Jeannot chez nous, je le comprends.

— *La caille, la tourterelle et la jolie perdrix…*

Mais pourquoi aurait-il mis ma mère dans la confidence ?

— *Auprès de ma blonde qu'il fait bon, fait bon, fait bon…*

Je me fige sur le pas de la porte.

— *Auprès de ma blonde qu'il fait bon dormir.*

— Josette ?

Une voix dans mon dos me fait sursauter. Papa. Je fais volte-face, les poings crispés. J'ai compris. Et il le voit. Il me prend par le bras et m'attire vers la porte menant au jardinet. Je le suis, sans broncher, comme dans un état second. Une fois arrivés sous le prunier, nous nous fixons dans le blanc de l'œil. De la buée sort de mes narines. Le froid, sans doute. Même si, à l'intérieur de moi, j'ai la colère d'un dragon.

— Alors c'était ça, la « livraison de cageots » de Thérèse ?

— Je t'ai dit de ne pas appeler ta mère comme cela.

— Eh bien ?

— Josette. Moins on en sait, mieux on se porte.

— J'ai entendu ce qu'elle chantait. Elle sait que la mère de Jeannot n'est pas à l'hôpital. Tu l'as dit toi-même.

— …

— Mais alors…

Coup de poignard. Ce n'est pas que nous deux. Il y a ma mère aussi. Je pensais être la seule à partager ce secret avec papa. La Résistance.

— Josette, que t'ai-je dit au sujet de notre armée ?

— Qu'on ne doit surtout pas fraterniser avec l'ennemi.

Ma réponse le laisse sans voix pendant quelques secondes.

— Tu mélanges tout, là. On joue en équipe. Et ta mère n'est pas une adversaire. Encore moins une ennemie. C'est une alliée. Simplement, nous ne travaillons pas pour le même réseau. Elle s'occupe de faire passer des réfugiés. Ton rôle à toi, le mien, c'est le renseignement. Pour Jeannot et sa maman, je lui ai demandé un coup de main. Parfois, c'est l'inverse.

— Elle est au courant pour moi ?

— Non. Et tu n'es pas au courant pour elle non plus, tu m'entends ?

— Bien.

— Maintenant rentrons, c'est l'heure du souper.

— Bien.

Mon père s'abaisse à ma hauteur.

— Je ne veux plus entendre ce genre de raisonnement. S'il m'arrive malheur, je compte sur toi pour veiller sur Micheline. Et sur ta mère.

Quand il quitte le jardin, je le suis en silence. Durant le dîner, on ne dit pas grand-chose mais, dans le fond, on en sait davantage. Il faut continuer à se taire. Des enfants sont à table. Pour Jeannot, papa a installé un lit dans notre chambre. On est un peu à l'étroit mais ce n'est pas grave. Même Micheline n'a pas râlé, elle aussi tombée sous le charme de sa bouille d'ange. Il nous a donné son dessin, à ma sœur et moi. On y voit une famille de cinq personnes attablées. Il ne manque que la légende : cinq à table, trois dans la Résistance.

25

« Marie-Jo prépare un colis. Elle y met 100 grammes de beurre normand, 600 grammes de jambon ibérique, celui que l'on produit dans les plaines espagnoles. Elle y ajoute des pois chiches marocains, 3 doses de 25 grammes. Si son colis ne peut pas excéder les 3 kilos, combien de grammes de rosbif peut-elle encore y ajouter ? »

À côté de moi, sur le banc, l'homme qui s'est installé me semble être le bon. Il a les mains abîmées et du noir sous les ongles. Un coup d'œil à travers les stries du banc : j'aperçois des bottines à moitié couvertes de suie sous un bleu de travail délavé. Il vient d'ouvrir *L'Indépendant des Basses-Pyrénées,* à la page des petites annonces et des jeux.

— Un synonyme de « saleté », en cinq lettres, avec un *c* en troisième position ?

« Boche » est le premier mot qui me vient à l'esprit. Je me ravise et donne un coup de main constructif.

— Tâche, je crois.

— Bien vu, jeune fille.

Ce que j'ai bien vu, aussi, c'est que l'homme a griffonné sur le papier le problème de mathématiques que j'ai fait semblant de réciter à voix haute. Il n'a pas tenu compte de ma réponse pour compléter le jeu. Dans sa grille de mots croisés, il dû noter les chiffres et les lieux dissimulés dans le message que j'ai prononcé quelques secondes plus tôt.

Parmi toutes les missions que mon père m'a confiées, celles-ci sont mes préférées. Elles font appel à la mémoire et papa dit que la mienne n'est pas mauvaise. J'espère que je ne la perdrai pas, même dans vingt, trente ou quarante ans. La mécanique de la tâche est la même qu'avec l'atlas, sauf qu'il faut tout avoir en tête. Je n'ai pas de bouquin à échanger, simplement des phrases cryptées à énoncer. Et, pour se faire connaître, mon interlocuteur doit ouvrir la conversation par un mot de passe.

Pour rentrer à la maison, je traverse le tunnel sous la gare et croise un homme, puis un autre. À l'entrée, du côté de Saint-Assiscle, j'aperçois un type en costume qui échange avec une femme, bien habillée elle aussi. Ils n'ont pas l'air intimes. Le gars sort une enveloppe de son veston et la lui tend. Un message codé, peut-être ? Ou alors une invitation. Mais pour quoi faire ? Personne ne se marie en ce moment. Ou une liste de noms. Hier encore, Ginette me parlait d'une famille juive du vieux Perpignan qui a été dénoncée par ses voisins. Comment savoir qui est de notre côté ? Je passe près du couple et crois sentir leur regard s'appesantir sur moi. M'ont-ils vue les dévisager ? Ont-ils, eux aussi, des choses à cacher ?

Sur le perron, la poignée de la porte me résiste. Fermée. C'est curieux, car la maison est rarement verrouillée. Je sors de mon cartable un jeu de clés bien fourni, déverrouille la serrure et pousse le battant. Le couloir est calme, personne en vue. Des bruits de pas dans la cuisine. Puis papa qui surgit.

— Suis-moi, j'ai quelque chose à te montrer.

Chic, alors ! Arrivée devant le débarras, je marque un temps d'arrêt :

— J'ai le droit d'y entrer maintenant ? Je pensais qu'il n'y avait que du bazar et les cagettes de maman.

— Tu n'as pas tout à fait tort, nous venons de recevoir une nouvelle livraison. Mais ce ne sont pas des légumes.

Papa sort de sa poche la même petite clé accrochée à une cordelette. Je tends l'oreille, essayant de percevoir un bruit derrière le panneau de bois, mais rien. Seulement mon cœur qui tambourine contre ma poitrine et le son du métal qui pénètre la serrure. Je retiens mon souffle. Mon père pose un doigt sur ses lèvres. Silence. Puis il toque deux fois contre le battant et attend. Une seconde plus tard, deux bruits sourds lui répondent sur le même tempo. Ils proviennent de l'autre côté de la porte.

26

Derrière la porte, deux paires d'yeux nous fixent dans une semi-obscurité. Je fais quelques pas avec prudence, précédée par mon père.

— Où en êtes-vous ? demande-t-il.

— J'ai presque fini, répond l'une des deux silhouettes.

Deux hommes sont en train d'enfiler gilets, vestons et manteaux avant de se rasseoir sur deux grandes malles en cuir marron. Elles sont disposées au beau milieu d'une pièce presque vide. Pas de meubles poussiéreux en vue, à l'exception d'une petite armoire dans le fond, près de la fenêtre aux volets clos. Pas de cagettes de topinambours. Me suis bien fait avoir, moi ! À la place, deux invités dont je me demande comment ils sont arrivés chez nous. Leurs traits se précisent au fur et à mesure que ma vue s'adapte à la pénombre. Ils n'ont pas l'air de soldats allemands, pas non plus la mine de prisonniers. Les yeux du premier, particulièrement clairs, me troublent. Son regard bleu semble traverser le mien, puis la porte dans mon dos et la maison tout entière. Il faut faire un effort pour discerner autre chose sur son visage. Un nez fin, une moustache bien taillée, des sourcils en bataille. Ses cheveux bruns ondulés recouvrent ses oreilles. Il a peut-être seize ans, tout au plus. L'autre se tient en retrait. Un peu plus vieux, il ne lève pas la tête vers nous, l'air angoissé. L'homme au regard perçant a remarqué que je le dévisageais. Moi, j'avais oublié. Il me sourit.

Punaise. Mes joues chauffent. Je lui renvoie une moue timide et baisse la tête. Son accoutrement me rappelle quelque chose. Il est mince, pourtant ses bras, son torse et ses jambes sont enrobés. Comme ma mère, Micheline et moi, dans ce train qui a quitté la Bretagne direction Bordeaux. Papa, qui interprète mon regard comme une question, me précise à voix basse :

— Je leur ai demandé de mettre plusieurs couches de vêtements. Ce qui ne passe pas sera renvoyé avec les bagages, demain. Nous ne pouvons pas les garder.

— Ça va comme ça, Milor ? interroge le garçon du fond en regardant mon père.

Milor ? Il a dû se tromper.

— Si tu arrives à marcher, c'est bon. Il faut pouvoir en prendre un maximum pour le voyage, sans entraver vos mouvements pour autant. Vous devez vadrouiller un certain temps et il risque de faire froid, là où vous allez.

— La météo de l'Est, ça me connaît. En Lorraine, les hivers, ça rigole pas. Et pour cette nuit ?

— Je vais vous donner de quoi dormir. Tiens, aide-moi à sortir les couvertures.

Mon père passe devant les garçons et entraîne le Lorrain par le bras. Dans le coin de la pièce, il ouvre l'armoire et lui dépose un tas de couvertures sur les bras avant de l'aider à les installer à même le sol.

— Ça te plaît ?

Je sursaute. Mes yeux se sont attardés quelques secondes sur un drôle d'objet métallique, posé sur l'une des malles. Un outil pas plus grand que la paume de ma main. Boucles Brunes l'attrape et le déplie en deux. Une paire de ciseaux se déploie entre ses doigts.

— Ce sont des ciseaux pliables, m'explique-t-il.

Un oiseau de fer. Quand elles sont rabattues, les branches protègent la pointe des lames pour en faire un objet sans danger. Dépliées, elles laissent émerger deux rasoirs tranchants qui blesseraient n'importe qui. Toujours se méfier de ce qui semble inoffensif.

— Tiens, je te le donne.

Pétrifiée, je n'ose pas le prendre. *Réagis Josette. Tu es ridicule, enfin !* Il prend appui sur la valise et me le tend un peu plus. Je saisis finalement les ciseaux, un peu trop brusquement sans doute, et effleure au passage ses doigts dont la peau est douce. Mon front est en surchauffe, j'ai juste envie de creuser un trou et de m'y engouffrer. Je jette un coup d'œil furtif au garçon qui sourit, amusé.

— Nous partons demain, leur indique mon père. Vous deux, ma fille et moi. En attendant, pas un mot.

27

— Josie, qu'est-ce que tu veux comme cadeau ?

— Hein ?

Je lève les yeux de mon bouquin, agacée.

— Pour ton anniversaire.

— Quoi, mon anniversaire ?

— Maman dit que c'est bientôt.

— Et ?

— Je veux te faire un dessin mais je ne sais pas si ça va te plaire.

— Je préférerais que tu arrêtes de m'enquiquiner, ce serait un beau cadeau, ça.

Ma sœur fait la moue. Elle me laisse sans réponse, ce qui ne lui ressemble pas. Elle baisse les yeux sur son verre de lait et croque dans un morceau de pain trop dur. Je l'ai vexée. Mais j'ai autre chose à penser que mon anniversaire, moi !

— C'est dans quinze jours, Josette. Micheline veut simplement savoir ce qui te ferait plaisir. Il n'y a rien de grave à cela, il me semble ?

La question de ma mère n'en est pas une. Papa, une tasse de café à la main, se tient près de la porte de cette pièce à l'unique arrivée d'eau qui nous sert tantôt de cuisine tantôt de salle de bains selon les moments de la journée. Il soupire bruyamment. Je l'entends presque marmonner « fais un effort, ma fille ». Bon, très bien.

— Merci, Micheline. Un dessin me ferait très plaisir pour mon anniversaire.

Voilà, j'ai donné tout ce que j'avais. Elle sourit à pleines dents. Façon de parler, car il lui manque deux incisives. À son âge, moi je les avais déjà toutes…

— D'accord ! Je le ferai ce soir en rentrant de l'école.

— Moi aussi, un dessin !

Le petit Jeannot bat des mains avec enthousiasme.

— Le faire ou le recevoir, le dessin ?

— Oui, répond l'enfant dans le doute.

Avec les petits, tout est oui.

— Et qu'est-ce que tu veux manger ce soir, Jeannot ?

— Des pots de thé ! Je veux des pots de thé, lance-t-il enjoué à mon père.

— Très bien, tu les auras, tes pommes de terre, polisson !

Demander à Jeannot ce qu'il souhaite pour le dîner est devenu un jeu. Sa réponse nous fait toujours rire. Ma mère passe la main dans les cheveux de ma sœur.

— Allez, tu finis ta tartine et on y va, lui dit-elle.

— D'accord. Josie, c'est quoi ton livre ?

— Les *Fables* de la Fontaine.

— Tu voudras bien me le prêter ?

— Non, Micheline, il n'est pas à moi.

Papa se racle la gorge, ma mère me regarde en biais. Qu'est-ce qu'ils ont tous, ce matin ? Ils se manifestent beaucoup moins lorsque Micheline déchire les pages de mes cahiers ou me tire les cheveux. Soit.

— Je t'en lirai quelques passages si tu es sage.

— Tu es dure, Josette.

Maître Thérèse, avocate à la rescousse de ma sœur sans défense.

Micheline fait oui de la tête et quitte la pièce, ma mère et le petit Jeannot sur les talons. Je me frotte les yeux. La nuit a été courte. Entre ma sœur qui ronfle, Jeannot qui gazouille... mais ce n'est pas vraiment ça qui m'a tenue éveillée. Aujourd'hui, je pars en mission avec papa ! Entre deux rêves, j'ai joué et rejoué mille fois dans ma tête la soirée d'hier. Deux inconnus qui débarquent à la maison, quatre couches de vêtements chacun, et un départ prochain pour une destination inconnue. Et surtout, les consignes de papa.

— On va où demain ? lui avais-je demandé la veille au soir.

— À Las Illas.

— Ne me dis pas qu'on va passer quelques jours chez l'oncle Auguste ?

— Je sais à quel point tu le portes dans ton cœur, Josette...

— Ma foi, entre une vie passée avec lui et une vie à manger des navets... mon cœur balance.

— Nous quitterons Perpignan au petit matin. Nous attendrons que maman accompagne Micheline à l'école.

— Elle ne sait pas pour les garçons ?

— Si, bien sûr.

J'avais fait une de ces mines, avant que mon père me rassure :

— Mais elle ignore que tu m'accompagnes.

J'avais souri, enchantée à l'idée de continuer à partager mon secret avec papa sans devoir rendre de comptes à ma mère. Elle s'opposerait sans aucun doute aux trois quarts des missions qu'il me confie.

— Et moi, je fais comment pour l'école ?

— J'ai prévenu Mme Lacrosse que tu te sentais faible et que tu n'irais pas en classe demain.

— D'accord. Quelle est ma mission, chef ?

Papa avait froncé les sourcils en entendant mon ton enjoué. Trop, sans doute.

— Tu vas nous servir d'alibi. Il faudra être prudente, Jo.

— Oui, toujours. Les deux garçons, d'où viennent-ils ?

Après un moment de silence, papa avait sorti de son veston un bout de papier froissé et me l'avait tendu. Griffonné sur la feuille pliée, j'avais découvert le dessin d'un homme moustachu assis à dos de cheval. Enfin, d'un demi-cheval. L'animal était coupé en deux. Une tête, le buste, deux jambes et deux sabots. Au-dessus, on pouvait lire « Pour ». J'avais retourné l'image, en quête de la seconde moitié, je l'avais examinée de tous les côtés, exposée à la lumière du soleil. Rien. Juste une moitié de cavalier.

— Ce dessin, c'est toi qui me l'as donné, Jo.

— Je m'en souviendrais, je crois, si c'était le cas.

— Il est arrivé dans ton atlas la semaine dernière. Et celui-ci, je l'ai reçu des mains des deux jeunes hommes qui passent la nuit chez nous.

Il avait sorti, cette fois de sa poche de pantalon, un second feuillet déchiré. Sur le blanc du papier, un autre moustachu, assis sur la culotte d'un cheval. Une queue, deux jambes, deux sabots. Et le prénom « Milor ». J'avais accolé les deux croquis, raccordé les bords déchirés, pour ne former qu'une seule et même image. « Pour Milor ». Les deux moitiés d'un même message. Devant mes yeux ronds, remplis d'admiration, papa avait ajouté avec malice :

— Tu reconnais ? L'illustration représente *Le Meunier, son fils et l'âne*. La fable de Jean de la Fontaine.

— Ma foi, c'est ingénieux. Et alors, ça veut dire quoi ?

— C'est une clé d'entrée. Elle contient mon pseudo ce qui me permet de savoir que les deux hommes sont de notre côté et que je dois m'en occuper. Il m'arrive souvent de recevoir des moitiés d'illustration par l'atlas. Charge à nos hôtes de nous en fournir l'autre moitié.

— Comme un laissez-passer ?

— Un peu. La première moitié était arrivée il y a un mois déjà, je m'inquiétais de ne pas pouvoir la compléter. Hier soir, quand je l'ai reçue, il a fallu se décider très vite.

— Ils arrivent d'où, les deux garçons ?

— Tu ne perds pas le nord, toi ! De Poitiers. C'est André qui les envoie… un camarade d'équipe.

J'ai le droit de connaître le prénom des coéquipiers, maintenant. C'est nouveau.

— Mais je ne comprends plus rien. Je croyais que maman s'occupait des passages et que, nous, on se chargeait simplement du renseignement.

— C'est vrai qu'au départ c'est comme ça qu'on fonctionnait. Ta mère travaille surtout du côté de Valmanya, au pied du Canigou. Mais il y a de plus en plus de gens à faire sortir du territoire français. Alors, à Gallia, nous aussi, on s'y est mis. Les deux garçons ne sont pas les premiers à séjourner chez nous.

— J'en étais sûre !

— De ?

— J'avais déjà vu des ombres sous la porte. Je croyais devenir folle.

— Curieuse mais discrète, tout ce qu'il faut !

D'un coup de menton, j'avais indiqué les papiers froissés :

— Et pour la fable, pourquoi tu as choisi celle-là ? On l'a étudiée l'an passé à l'école, mais je ne me souviens plus de la morale.

— Je pense que tu as eu ton quota de questions pour la journée.

Je voulais en avoir le cœur net. Le soir même, j'avais quitté la maison, attrapé ma bicyclette au pied des tilleuls et pédalé comme une folle. En moins de cinq minutes, j'avais débarqué rue de la Garrigole. Mon amie m'avait ouvert la porte.

— As-tu toujours le bouquin des *Fables* de La Fontaine ? avais-je demandé à Ginette, le souffle court.

— Moi aussi, ça me fait plaisir de te voir Josette. Oui, pourquoi ?

J'avais prétexté un intérêt soudain pour la poésie.

— La Prats m'a flanqué une punition à rendre au prochain cours de français. Je dois recopier au moins vingt fois *La Tortue et les Deux Canards*... rapport aux bavardages.

Ginette avait ri et était allée dans sa chambre récupérer le livre.

— Tiens, le voilà. Fais attention en rentrant, le couvre-feu approche et les Boches sont de plus en plus agressifs. Papa s'est fait dépouiller l'autre soir. Il est rentré le visage en sang.

— Je ferai attention, c'est promis. Et je suis désolée pour ton père. Passe-lui le bonsoir pour moi, tu veux ?

Toute la nuit, j'avais gardé le livre serré contre moi. Lu et relu la fable à la lumière de la lune. Au moins deux cent quatorze fois. L'histoire d'un meunier et de son fils qui mènent un âne à la ville et croisent sur leur chemin plusieurs pèlerins. Des individus qui jugent, sans vergogne, les voyageurs, leur cargaison et ce qu'ils en font. J'avais appris par cœur les passages qui me parlaient le plus.

« Allez, venez, courez ; demeurez en province ;

Prenez femme, abbaye, emploi, gouvernement :

Les gens en parleront, n'en doutez nullement. »

Ce matin, alors que Micheline, Jeannot et maman viennent de partir, la mélodie du texte me reste encore en tête. *Femme, abbaye, emploi, gouvernement.*

— Alors, cette lecture ? me demande mon père.

— Si j'en crois la fable, on va avoir de la route. Et on va croiser du beau monde. Des Boches ?

— Possible. Va chercher ta bicyclette, je m'occupe des voyageurs.

— Papa ? Pourquoi les *Fables* de La Fontaine ?

— La version que vous étudiez à l'école n'est pas la dernière. Il y en a une, parue au début de la guerre : *Les Fables de la Fontaine*

Josette à Perpignan, chez ses grands-parents Torrent.
Avant le déménagement en Bretagne.

Josette, sa mère Thérèse et sa sœur Micheline
après une procession à Saint-Malo (1935).

Josette sur les épaules de son père Michel,
moniteur bénévole de gym (1936).

Thérèse, Michel, Josette et Micheline à Saint-Malo,
après une démonstration de gymnastique (1936).

Josette, Thérèse, Michel-Yves, Micheline et Marie-Jo,
à la plage près de Saint-Malo.

Josette, Michel-Yves et Micheline (1937).

Josette, Thérèse, Michel et Micheline à Saint-Malo (1938).

Josette à Saint-Malo.

Pépé Colomines, grand-père maternel de Josette (1940).

Michel, dans le centre-ville de Perpignan (1940).

Josette devant les entrepôts Dubonnet
près de la gare de Perpignan (1940).

Josette et Micheline, en vacances au village pyrénéen
de Las Illas chez l'oncle Auguste et sa fille Roberte (1941).

À Las Illas, Josette, Micheline, Michel, Auguste, Roberte,
la tante Suzanne et le cousin Léon (1941).

 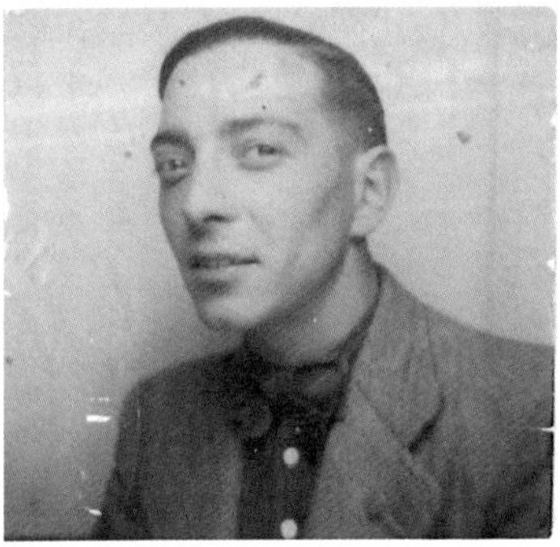

Josette Torrent, agente de liaison de Michel Torrent (1942 à 1944).

Pierre Torrent, grand-père de Josette,
tonnelier aux entrepôts Dubonnet.

Jeannot, petit frère de cœur de Josette,
dans le jardin familial (1943).

Josette sous l'abricotier de son jardin, rue Edgar Quinet
à Perpignan (1944).

Josette près du potager familial où elle discutait
de ses missions avec son père (1944).

Josette et sa meilleure amie Ginette,
dans le centre-ville de Perpignan.

Josette, ses grands-parents Pierre et Rosine Torrent et Thérèse
devant les entrepôts Dubonnet (1944).

Portrait de Josette.

Josette avec le chef du réseau Libération de la Vienne,
son épouse et Thérèse juste avant la visite
d'Oradour-sur-Glane (1945).

Josette à Limoges, après le championnat
de cross-country (1945).

Josette et Ginette.

Josette dans son jardin à Perpignan (1948).

Portrait de Josette (1948).

Josette, reine du Carnaval à Perpignan (1950).

et Hitler. Les histoires sont inchangées, mais les illustrations ont été refaites. Les personnages portent une moustache finement taillée et une mèche gominée. Cette version a été censurée par un ambassadeur allemand à Paris. Tous les exemplaires ont été détruits sur ordre du Reich. Enfin, c'est ce qu'ils croient.

Papa me sourit, espiègle. Il pose sa tasse vide dans la cuve en fer près de la fenêtre et se dirige vers la porte.

— Dis, papa. J'ai choisi le mien, de pseudo. Ce sera Jo.

Je finis à la hâte mon verre de lait et mon pain dur, et je sors à mon tour.

Les mains vissées sur le guidon de mon vélo, j'attends sur le perron notre nouvelle aventure avec en tête ces quelques vers :

« Je suis Âne, il est vrai, j'en conviens, je l'avoue ;

Mais que dorénavant on me blâme, on me loue ;

Qu'on dise quelque chose ou qu'on ne dise rien,

J'en veux faire à ma tête.

Il le fit, et fit bien. »

28

J'ai les jambes en compote. La route a été longue. Presque deux heures pour gagner le village de Maureillas depuis Perpignan. Maintenant, on attend. Papa est assis près de la fontaine de la placette et scrute la route principale. Je suis, moi aussi, aux aguets. Ils devraient déjà être là. Leur retard n'augure rien de bon. En plus, les Boches fouillent chacun des véhicules qui circulent dans les Pyrénées, nous a-t-on dit. Je masse mes cuisses engourdies. Papa pose une main dessus.

— Ils sont là, souffle-t-il.

L'autocar qui les a récupérés à Perpignan approche et marque l'arrêt à une centaine de mètres de nous. Un, deux, trois, bientôt cinq voyageurs débarquent, valises et sacs aux bras. Les portières se referment. Papa reste silencieux. Je n'ai pas sa patience. *Cinq fenêtres, dix poignées, une double porte, deux rétroviseurs, quatre roues.* Compter pour s'occuper. Mais où sont-ils, bon sang ? Les deux battants s'ouvrent à nouveau, laissant descendre le chauffeur. Il me paraissait plus grand quand on l'a rencontré avant le départ, au volant de sa machine. Le petit bonhomme s'allume une cigarette et nous fixe. Je regarde à droite, à gauche : la place de la République est déserte à l'exception d'un petit vieux qui roupille en terrasse, chapeau sur le front et ventre bien rond. Papa fait un signe du menton, le chauffeur lui répond en inclinant légèrement son béret. Il fume encore une latte, puis deux et rouvre la porte de son autobus.

Impossible de retenir le sourire qui me fend le visage. Boucles Brunes et son compagnon de route sont arrivés à bon port. Mes muscles se détendent. Les deux fugitifs hésitent avant de reconnaître, au loin, nos sacs à dos rouges. Avec papa, nous en avons fait un signe distinctif.

— Nous allons avancer jusqu'au kilomètre 1 avant Las Illas. Jo, tu ouvriras la marche à vélo, je la fermerai. Vous deux, vous marcherez entre nous. Le dénivelé est important, mais il faudra avancer vite. Au moindre avertissement, vous vous planquez. Nous devons arriver avant la nuit.

Mon préféré acquiesce. Son acolyte se ronge les ongles. Mon père lui donne une petite tape amicale sur l'épaule.

— Nous y arriverons. Suivez ma fille, c'est tout.

J'enfourche ma bicyclette. Mes mollets me brûlent mais je n'en ai que faire. Il faut escorter le groupe jusqu'au kilomètre 1, un peu plus haut.

Le patelin ocre a fait place à une route blanche, à flanc de montagne. Nous pénétrons la forêt, le Canigou enneigé dans notre dos. Sous mes pneus, le chemin est de plus en plus rocailleux. Les rayons du soleil peinent à traverser l'épaisse couche de châtaigniers qui nous protège. Douze, treize, quatorze virages en épingle serpentent à travers la montagne et laissent derrière nous d'impressionnants précipices. Nous sommes des aiguilles dans une botte de foin. Les Boches peuvent toujours y aller avant de nous trouver ! Le jour décline, mais Las Illas n'est plus qu'à quelques efforts de nous. Elle est loin, l'époque où papa et le cousin Léon nous remorquaient à vélo, Micheline et moi dans une carriole, pour aller rendre visite à l'oncle Auguste ! Soudain, Boucles Brunes brise le silence.

— Moi, c'est Léon. Léon Rat.

— Rat ?

— Oui, tu peux rire si tu veux, moi ça me fait bien rire aussi.

— Ma foi, non. Ça me paraît assez à propos. Rat des villes, hier, aujourd'hui rat des champs.

— C'est vrai, je ne l'avais pas vu comme ça. Tu arrives encore à pédaler ? C'est raide !

— Ça peut aller. Et toi, tu arrives à suivre mon rythme ?

— En trottinant un peu, oui.

— Quel âge as-tu ?

— Je viens d'avoir vingt et un ans.

Je le pensais plus jeune.

— Et toi, comment t'appelles-tu ?

— On m'appelle Jo. Et j'aurai treize ans dans quelques jours.

Ma voix dégage une confiance qui me surprend. Sur mon vélo, je tourne le dos à Léon qui me suit d'un pas aussi rapide que le permet la pente. Papa se trouve à quelques mètres, il ne nous entend pas.

— Ton ami à l'air plus inquiet que toi, je lance.

— Nous ne sommes pas vraiment amis. Il vient de Metz. Chez vous, les Boches ne sont pas là depuis longtemps, mais chez lui ils font la loi depuis le début.

— Je les déteste. Pourquoi es-tu parti de chez toi ?

— Pour échapper au STO. Hors de question que je travaille pour eux. Je les hais tout autant que toi. Que feras-tu quand la guerre sera terminée ?

— Je retournerai en Bretagne. J'y ai laissé mon chien. Et quelques amis. Et toi ?

— Je piloterai des avions.

— Vraiment ?

— Oui. J'espère même pouvoir le faire bientôt. C'est pour ça que je veux rejoindre le Maroc. Mais tout prend du temps. Je suis en route depuis le mois de novembre et j'espère que, cette fois, ce sera la bonne.

Alors que je m'apprête à renchérir, une couleur attire mon regard au loin. Le vert-de-gris.

29

— Papa, tu viens ? Papa !

J'ai crié fort, du plus fort que j'aie pu. C'est le signal. La route tourne en épingle. Après le virage, les Boches nous attendent de pied ferme, postés devant un véhicule qui barre le passage. Un coup d'œil derrière moi : Léon et son compagnon de voyage ont disparu. À ma gauche, un craquement dans un buisson. Ils sont en sécurité. Nous étions suffisamment loin quand j'ai aperçu les uniformes, assez pour qu'eux ne nous voient pas venir. À nous de jouer, maintenant.

Je pose un pied à terre, plonge une main dans la poche de mon manteau et en ressors deux morceaux de tissu rouge. Je noue, de chaque côté de ma tête, des nattes comme me l'a appris ma mère. De l'autre poche, je tire un joli couvre-chef que j'ai emprunté à Ginette. Je hisse mes chaussettes haut sur les mollets. J'ai mis la seule paire qui ne soit pas trouée. Je dénoue quelques boutons de mon veston pour laisser apparaître la jupe à fleurs que mamie Rosine m'a cousue à partir de vieux rideaux. Une poignée d'accessoires et me voilà rajeunie de quelques années. Je suis petite, autant que ça me serve. Papa me rejoint.

— Prête ?

— Oui, papa.

Il descend de son vélo. Nous les rencontrerons à pied, donc. Par-delà le virage, la vue sur la montagne est splendide. Droit devant nous, deux Allemands immobiles. Ils nous font signe de poser les vélos et de nous rapprocher.

— *Was machen Sie hier*[1] *?* demande à mon père le plus gros des deux.

Ses cheveux gominés, plaqués en arrière, me répugnent. Une vraie tête de fouine. Une fouine bien peignée. Ils me dégoûtent mais ne me font pas peur.

— Nous rendons visite à mon oncle Auguste Torrent, il habite sur les hauteurs de Las Illas, répond mon père.

Le rongeur jette un regard interrogateur à son acolyte. Il ne parle pas français. Surprenant pour un touriste en vadrouille. Le second officier, au visage plus affable, s'avance de quelques pas :

— Et qu'est-ce que fait la fillette avec toi ? Elle n'est pas à l'école ?

Je réponds avec un accent approximatif.

— *Meine Lehrerin ist krank*[2].

— Oui, sa maîtresse est absente. Nous passons quelques jours à la montagne.

— Quel âge as-tu ?

— Dix ans.

— Comme ma fille. Elle m'attend à Hanovre.

Eh bien, ne te gêne pas pour la rejoindre ! Je lui souris. Le coup des rubans dans les cheveux fonctionne toujours. Personne ne soupçonne une fillette et son papa.

Les deux Allemands s'écartent et nous laissent passer, non sans nous rappeler qu'il n'est pas recommandé de se balader au crépuscule. Mon père se met à siffler un air familier. *Qu'il fait bon, fait bon, fait bon.*

1. Que faites-vous ici ?

2. Ma maîtresse est malade.

Au bout d'une centaine de mètres, un nouveau craquement dans la forêt. Feu vert : Léon et son compagnon quittent leur planque. Ils ont profité de notre diversion pour contourner les officiers par le sous-bois. Nous poursuivons la route en silence. Au loin, la silhouette d'une bâtisse se dessine.

Mercredi 28 mars, 2018
Lycée Christian-Bourquin, Argelès-sur-Mer
10 h 42

— Et alors, il est passé en Espagne, Léon Rat ?

La question du jeune Erwann fait sourire la vieille dame. Elle a plutôt l'habitude de ne pas être interrompue pendant son récit. Mais cet échange spontané avec les jeunes lui plaît beaucoup.

— Il a franchi la frontière dès le lendemain. Et je vous le donne en mille : vous savez qui sont les deux hommes qui l'ont récupéré ? Le curé et le jeune espagnol !

— Le curé dans l'auberge ? demande Irène qui n'a pas perdu une miette des aventures de la résistante.

— Oui, exactement. Les vacances répétées chez l'oncle Auguste, ce n'était pas juste pour l'air de la montagne. Mon père mettait en place une filière d'évasion. Mais ça, bien sûr, je l'ai compris plus tard. Léon Rat a traversé les plaines espagnoles, puis est monté dans un train à Barcelone. Il a fini par rejoindre le Maghreb. Et la Royal Air Force, comme il en rêvait. Il est devenu un très grand aviateur, vous savez !

— Vous êtes encore en contact ?

— Vers la fin de la guerre, il a envoyé une lettre à ma mère, dans laquelle il évoque la filière d'évasion. Mais je ne lui ai répondu qu'en 2009. Je ne pouvais pas avant.

La vieille dame feuillette son classeur, à la recherche du courrier. Elle a rassemblé tous les documents, certificats, lettres, tickets de rationnement qui ont ponctué son quotidien durant ces années de résistance. Elle sort un vieux papier d'une pochette plastique et en lit à voix haute une partie du texte :

— « Je me souviens bien de la gentille petite fille qui marchait devant avec son papa sur cette longue route. Je songeais à elle après, et je me disais "Ce qu'elle devait être fatiguée quand elle est arrivée à la ferme." Je vous envoie, madame, avec mes remerciements, toute mon amitié. Je vous prie d'offrir aussi toute ma reconnaissance à M. Torrent, dès qu'il arrivera. Ce qui j'espère, ne tardera pas. » J'ai été très touchée.

— Combien de gens avez-vous fait passer ? s'enquiert un élève, au fond de la classe.

— Honnêtement, je ne sais plus trop bien. Une vingtaine, une trentaine entre l'automne 1943 et le printemps 1944, je pense. J'y étais assez souvent. Il y a juste un passage que mon père a fait sans moi, ça oui.

Silence. Dans la classe, on ne regarde qu'elle. Les adolescents patientent sagement, suspendus à ses lèvres. Elle joint ses mains délicates sur le bureau avant d'esquisser un sourire timide. Celui de la petite fille qu'elle était et qu'au fond elle est toujours un peu. Dans cette assemblée, elle est la doyenne. Pourtant, lorsqu'elle évoque son histoire, c'est presque avec une voix d'enfant qu'elle la raconte.

— Ce passage, c'était pour qui, madame ? demande Khedidja avec toute la délicatesse possible.

— Pour Jeannot.

Les quelques élèves qui se sont autorisés à poser la tête dans la paume de leur main la relèvent comme pour mieux entendre ce qui va suivre. La petite dame prend une grande inspiration pour se donner du courage. Quand elle est entrée dans la classe, certains ont cru déceler une certaine froideur, une forme de sévérité.

C'est vrai que Josette ne sourit pas souvent. Mais, lorsqu'elle se met à parler, à transmettre, son cœur s'ouvre. Assise au premier rang, Irène l'encourage d'un signe de tête, plongeant son regard dans les yeux de la vieille femme.

La résistante se saisit de l'une des reliques qu'elle a disposées sur le bureau du professeur Sougné. Un petit album rouge vermillon à la couverture plastifiée. Elle l'ouvre et en tire un cliché jauni par le temps. Celui d'un garçonnet rieur en salopette sombre. Elle le tend à Irène et lui demande de le faire tourner.

— Jeannot devait rester seulement quelques jours avec nous. Mais les jours sont devenus des semaines, puis des mois. Pendant ce temps-là, sa mère était déjà passée en Espagne. Je l'imaginais à Londres ou en Amérique. Je m'étais habituée à l'idée que nous étions la nouvelle famille de Jeannot. On l'avait même inscrit en maternelle, à la rentrée 1943. Mais un soir, peu de temps après... il n'était plus là. Disparu. Papa m'a expliqué que sa mère était revenue le chercher à la frontière espagnole. Je n'ai rien osé dire, sur le moment, mais ça m'a semblé étrange qu'elle revienne après six mois sans nouvelles. J'avais du chagrin. Je m'étais attachée à cet adorable petit frère.

— Mais elle était où, en fait, sa mère ?

— Je ne sais pas. Je suis persuadée qu'elle n'est jamais revenue. Qu'elle l'a tout simplement abandonné. Et que papa a mis des mois à trouver un autre foyer pour Jeannot.

— Pourquoi ne l'avez-vous pas gardé avec vous ?

— Je n'ai jamais su la raison. Mais mon père m'a promis qu'on le reverrait après la guerre.

— Et vous avez réussi ? Vous l'avez retrouvé ?

Le professeur interrompt la discussion pour donner quelques éléments de contexte historique.

— Vous nous avez expliqué, madame Torrent, que le petit Jeannot avait été accompagné quelque part par votre papa autour de l'été 1943... Il faut dire que c'était une période particulière.

Le maître replonge ses élèves au milieu de la guerre. Il raconte la sombre époque qui a suivi le départ de Jeannot. Perpignan est alors une fourmilière de la Résistance. Proche des Pyrénées, elle voit transiter des Juifs, des réfugiés politiques et des résistants qui tentent de quitter la France. Il leur raconte aussi ces jeunes qui refusent le Service du travail obligatoire imposé par l'Allemagne nazie sur le sol français. Aidé de ses cartes, il explique les maquis planqués dans les montagnes, les abris de fortune, les postes de secours. Les actions violentes entre l'occupant et l'occupé, au pied du Canigou.

— Même en ville, il fallait faire de plus en plus attention. Le climat était devenu infernal. Les Allemands procédaient à des arrestations à tour de bras. Ils raflaient au moindre doute. Certains résistants disparaissaient du jour au lendemain sans qu'on sache ce qui leur était arrivé.

— Mon père avait des copains qui ne donnaient plus de nouvelles, confirme Josette.

— Imaginez, vous sortez de l'école ce soir, et votre voisin a quitté le quartier. Vous ne savez ni quand, ni comment, ni pourquoi.

Sans filtre, Claude Sougné expose aux élèves la mécanique allemande. Il dissèque l'entreprise massive et organisée de déportation et d'élimination de tous ceux qui s'opposaient, par nature ou par conviction, au IIIe Reich. Il clôt son intervention et regagne le fond de la classe. Son invitée reprend le fil du récit.

— C'est vrai... On n'avait jamais aucune garantie de revoir un disparu... On pouvait y croire, mais les chances étaient minces.

— Même après la guerre ? Vous aviez des téléphones, à ce moment-là ?

Erwann tente de comprendre.

— À l'été 1961, j'ai passé quelques jours à Las Illas. Ma mère m'y traînait tous les ans, avec mes gosses, pour le bal populaire du 15 août. On y jouait de l'accordéon sur la petite placette éclairée aux loupiotes. On dansait pendant que les enfants s'amusaient près de la rivière. Je venais de divorcer, et il n'y avait pas vos applis de rencontre à l'époque. J'ai trouvé quelqu'un, mais pas dans le sens où ma mère l'aurait souhaité. Il y avait, parmi les jeunes, des garçons en uniformes... probablement en permission d'Algérie. Mon regard s'est posé sur l'un d'eux. Et là, ça a été d'une évidence folle. C'était Jeannot. Je ne saurais pas comment vous l'expliquer. Je ne l'ai pas « reconnu », vous imaginez bien qu'il n'avait rien à voir avec le petit garçon que j'avais quitté. Je l'ai juste su. Et lui aussi.

— Et il vous a dit quoi ? s'enquiert Irène.

— Que tout ce temps-là il avait grandi dans les montagnes, dans une famille qui n'était pas la sienne. Papa avait raison, tôt ou tard, nous avions fini par retrouver Jeannot.

— Votre père devait être heureux, lui aussi.

30

De tous les clients des entrepôts Dubonnet, les plus bavards sont ceux que je supporte le moins. Ils négocient en permanence, pour tout et pour rien. Cette citerne plutôt que celle-ci. Ce tarif plutôt que l'autre. Quand mon grand-père a ouvert les entrepôts derrière la gare, il ne s'attendait pas à ce que les gens lui donnent autant de travail que les vins ! Certains tirent vraiment sur la corde, car papi est connu pour sa patience dans le milieu. Quand j'arrive à temps après les cours, j'adore me rendre dans l'immense hangar juste au moment où débarquent les camions-citernes qui livrent la matière première. J'ai l'impression d'assister à un bal de tuyauterie. Les véhicules, stationnés devant les bâtiments, déversent leur contenu par des canalisations qui traversent l'avenue et atteignent les réservoirs. Il n'y a pas beaucoup d'enfants dans les parages, seulement quelques gamins du quartier. À l'intérieur des entrepôts, je me promène un peu partout. Je trouve toujours un couloir à explorer, un local à investir.

Les Boches viennent de plus en plus souvent nous piquer de la marchandise. Rien d'étonnant à ce qu'ils raffolent de la mistelle, mais ils sont bien les seuls à quitter l'entrepôt les bras chargés de bouteilles sans avoir jamais sorti le portefeuille. Depuis le bureau de papi Torrent, je peux tout entendre. Je joue avec Nin, on se raconte des histoires. Je ne dis pas à mes copines que je m'amuse toujours avec mon poupon au ventre recousu. Même pas à Ginette. Elles se moqueraient sans doute de moi. « Treize ans et demi et tu as encore ta poupée ? Et tu suces encore ton pouce ? » Je les entends presque rire. Derrière la vitre, j'observe les va-et-vient des tonneliers. J'imagine les prochaines missions que me confiera mon père. Mes pensées sont parfois interrompues par les gars des entrepôts qui hurlent d'un bout à l'autre de l'atelier. J'adore quand ils se mettent à communiquer par les tuyaux à coups de clé à molette sur le métal des cuves. Avec le temps, j'ai fini par comprendre le sens de ce morse improvisé qui rythme l'ouverture et la fermeture des vannes d'une cuve à l'autre.

Un coup pour *go*.

Deux pour *stop*.

Trois pour *les Boches*.

Trois officiers en uniforme pénètrent dans le hangar, tout sourire. Les employés baissent d'un ton, sans pour autant arrêter la manutention. Les types s'approchent du fond de la pièce où s'étend un long établi. C'est là qu'on dépose les commandes des clients, ceux qui paient. Mon grand-père et Willy, son comptable, jettent un œil aux dernières factures à traiter pour la journée. Un premier Allemand s'avance. Dans un parfait catalan, il demande s'il ne reste pas quelques invendus. Il se croit au marché, celui-là. Et depuis quand le catalan est enseigné en Allemagne ? Je ne parviens même pas à lui trouver un accent germanique.

— Tout le monde ne parle que de vous ! Dubonnet par-ci, Dubonnet par-là. On s'est dit qu'il fallait qu'on essaye la mistelle. C'est bien ce que vous fabriquez ?

— C'est ça. C'est une boisson douce et sucrée, explique papi.

— Un peu comme du riesling alors ?

Il faut toujours qu'ils ramènent tout à eux, ces Boches.

— Si on veut, concède-t-il. Il doit bien me rester quelques litres en stock, oui.

Papi Pierre contourne l'établi et me rejoint dans son bureau.

— T'es toujours là, toi ?

— Tu veux que je m'en aille ?

Dans la pièce du chef, il y a toujours une demi-douzaine de bouteilles mises de côté, pour ce genre de visites inattendues. Il soulève, déplace et remplit les caisses avec une incroyable agilité. À croire qu'il ne vieillit pas.

— Tu restes autant que tu veux. Tu es chez toi ici.

— Tu les connais, ces gars, papi ?

— Non, et je ne m'en porte pas plus mal.

Mon attention est attirée par l'un des gradés. Je suis persuadée de l'avoir déjà croisé quelque part, impossible de me souvenir où. La même sensation que lorsque je tombe sur M. Delai en dehors de la boucherie. La dernière fois, je l'ai dévisagé durant cinq bonnes minutes avant de me souvenir que c'était lui.

Mon grand-père quitte la pièce, les bras chargés de quatre carafes prêtes à être dégustées. Encore une vente qui ne lui rapportera rien ! L'Allemand discute avec Willy tandis que ses deux acolytes, restés en retrait, découvrent avec émerveillement la hauteur sous plafond, la taille des citernes, l'efficacité des ouvriers. Les bras croisés derrière le dos, ils arpentent le hangar de long en large. *Schön*[1], doivent-ils se dire tout en se gargarisant d'avoir trouvé la bonne affaire. Comme si, en France, on n'avait pas la technique aussi ! Qu'est-ce qu'ils croyaient ?

Le premier type demande une visite des lieux à mon grand-père. Il s'exprime dans un français presque aussi parfait que son catalan. Un vrai polyglotte. Son timbre de voix ne m'est pas étranger. Je le dévisage, me redresse légèrement, mais voilà qu'il s'éloigne

1. Joli.

et disparaît derrière une cuve. Je monte sur le grand bureau en chêne et renverse au passage la lampe à huile au sol. Le bruit attire l'attention dans l'atelier. Tout le monde se retourne, mais la vitre teintée me protège. Ma maladresse a au moins le mérite de faire réapparaître mon grand-père, suivi par l'Allemand. Longiligne, il doit faire une tête de plus que les autres. La peau pâle, rasé de près, les cheveux noirs peignés en arrière, il arbore une fine moustache taillée à la Dali.

— Tu as des rats dans ton établi, l'ami ? demande-t-il à papi.

— C'est ma petite-fille. Elle est adorable, mais elle est douée comme un manche. Bon, tu prends celui-là, alors ? dit mon grand-père qui a hâte de se débarrasser de ces clients.

— À la bonne heure !

Ça y est, j'y suis ! C'est Hugo, le copain de mon père. Celui qui venait de débarquer dans la bande. « À la bonne heure… » Je descends de la table pour me planquer derrière le mur, juste sous la verrière. Je trébuche au passage sur la lampe renversée.

— Tout va bien, ma chérie ?

— Oui, oui !

J'ai presque hurlé. Si je suis capable de reconnaître le Boche, il me reconnaîtra aussi. Un accent lorrain, une moustache bien taillée, un bon mètre quatre-vingt-cinq, je n'ai plus aucun doute, c'est lui. « Le cerveau de la bande », m'avait dit mon père le soir qui avait suivi notre rencontre. Tu parles ! Un cerveau en vert-de-gris. Le vendu de la bande, je dirais.

Contre toute attente, les Boches règlent leur commande et quittent enfin les lieux avec leur marchandise sous le bras. Mon grand-père me rejoint dans son bureau où je fais mine de jouer avec mon poupon.

— Ça va, ma chérie ?

— Pardon pour la lampe. Nin a eu un geste brusque.

— Lui non plus, il n'aime pas les Boches ? T'inquiète, au moins ils ont payé cette fois. Ça n'arrive pas souvent. Celui-là était un peu plus honnête que les autres.

Honnête ? Loyal aussi, tant qu'on y est ! Papa est l'ami d'un Boche, un Boche est l'ami de papa. Qu'est-ce que ça veut dire ? Si on a affaire à une taupe, c'est qu'il y a des infos qui circulent. Mais depuis quand ? Hugo doit savoir des choses qu'il n'est pas censé savoir. Est-ce qu'il s'appelle seulement Hugo ? Un Lorrain dans les Pyrénées orientales, j'aurais dû m'en douter ! Catalan, français, allemand… un vrai caméléon qui pourrait nous mettre en grave danger. Que sait-il de nous, exactement ?

— 17 heures, déjà ! Mince !

Je bondis et attrape mon manteau au passage, manquant de trébucher à nouveau.

— Où tu cours comme ça ? Tu ne restes pas pour le goûter ?

— Faut que je file ! J'ai oublié que j'avais rendez-vous à la maison avec papa. Il a besoin d'aide pour le potager.

31

— Tu vas me chercher papa ? On passe à table, ma puce.

Micheline s'exécute et se met en quête de notre père, cloîtré dans le débarras.

— On mange ! hurle-t-elle à travers le couloir.

Depuis plusieurs semaines, il passe toutes ses soirées dans la pièce qui sert de chambre pour les réfugiés. Il y a installé son bureau. *Les Français parlent aux Français.* À travers la porte en bois, j'entends Radio Londres tôt le matin et jusque tard le soir. Papa ne sort de la maison que pour aller aux Dames de France. Les copains s'inquiètent de ne plus le retrouver autour des entrepôts. « Et alors ? On ne voit plus Michel ? » Je ne sais pas trop quoi leur répondre. Depuis que j'ai parlé de Hugo à mon père, quelque chose a changé. Sa mine s'est assombrie, son ton s'est durci. Il fronce plus souvent les sourcils. Je le sens inquiet. « Je me suis occupé de la taupe », m'a-t-il pourtant assuré.

Ce soir, mon père a délibérément attendu que j'aille me coucher pour me demander l'atlas. À table, il n'a pas lâché un mot. À l'instant où je me glisse sous les draps – Micheline dort déjà –, il vient me retrouver et me chuchote à l'oreille qu'il a besoin du livre. Je me relève pour le lui donner. Papa quitte la chambre puis revient quelques minutes plus tard et glisse l'ouvrage dans ma sacoche. Un baiser posé sur mon front dans le silence. La porte se referme derrière lui, me laissant sombrer dans le sommeil.

Le lendemain, alors que la cloche marque le début de la pause déjeuner, je retrouve mon poste sur le banc du jardin public. L'exercice me semble familier. Désormais, la boule au ventre a disparu, mais l'excitation des débuts aussi. Je sais exactement quoi faire quand mes indics me rejoignent. Les gestes sont automatiques. J'ai appris à maîtriser le temps. Je sais qu'une minute peut sembler longue et dix, inquiétantes.

— Qu'est-ce que ça souffle, aujourd'hui.

Non, pas un pet de vent, mais le mot de passe est le bon. Un type s'est installé à ma droite. Chaussures bien lustrées, pantalon marron. Un ourlet ne lui aurait pas fait de mal. Une odeur de grand-père, de l'eau de Cologne qui pince le nez. Je reste plongée dans mes révisions d'histoire. La bataille de Verdun, encore une boucherie. Une dizaine de secondes s'écoulent. Nous ne sommes que deux dans le parc. Le scénario idéal. J'attends qu'il procède à l'échange. Mais rien. Il est temps de troquer les atlas. Pourquoi traîne-t-il ? Le regard posé sur les pages de mon manuel, je distingue au loin deux hommes sur le perron de la gare. Des Boches. Ils discutent en gesticulant. De quoi peuvent-ils parler ? Des retards des trains en France, de la météo dans le Sud, des contrôles au faciès. Ils sont encore loin, c'est le moment ou jamais. Allez, dépêche-toi ! Je tourne une page et en profite pour relever légèrement la tête. Les deux uniformes s'éloignent de la gare et avancent dans notre direction. Mon voisin les a-t-il remarqués ? Je tourne une autre page. Ils entrent dans le parc. À côté de moi, rien ne bouge. Ils sont armés, il faut réagir. Je pourrais récupérer mon bouquin et m'en aller, ce serait le moins risqué. Mais mon indic repartirait bredouille. Une page, encore. Ils marchent vers le banc. Un coup d'œil à droite. Ouf, le type a échangé les deux atlas. À nous de décamper, maintenant. Qu'est-ce que mon indic fait encore là ? J'entends les bruits de bottes sur le gravier. Un, deux, trois, quatre.

Si je bouge, j'attire l'attention, je mets en danger ma source. Si je reste sur ce banc, ils vont se demander ce qu'on fait là. Et peut-être nous fouiller. Cinq, six, sept. Je dois faire quelque chose !

J'attrape la pile de livres à ma droite, je fourre l'atlas dans mon sac et je garde le reste sous le bras. D'un bond, je quitte le banc et fonce droit sur les Boches. Quelques foulées me séparent d'eux. Mon pied gauche se prend dans le droit. Une cheville qui se tord. Je me retrouve au sol, à quelques centimètres de leurs pieds. Ils s'arrêtent. Parfait, c'est ce que je voulais ! Enfin, j'aurais tout de même pu éviter de me faire mal... Mes genoux douloureux protestent. Je surjoue le drame. Les cours de théâtre en Bretagne n'auront pas été vains. Je pleurniche, me tortille de douleur, hurle tous les noms de la Terre. Tout en serrant bien mon sac contre moi. Ils ne doivent pas l'ouvrir. Je pivote sur le dos, me frotte les jambes en constatant l'ampleur des dégâts. Autour de moi, j'ai volontairement éparpillé mes livres d'école.

— *Raus !*

Je commence à ramasser mes bouquins sur le gravier.

— *Fräulein*[1], il faut regarder où vous mettez les pieds !

Chaque seconde d'attention compte. Agacé par ma lenteur, le plus vilain des deux envoie valser d'un coup de botte mon manuel d'histoire. Le second soupire. J'essaye encore un peu de leur barrer la route, mais ils me contournent. Je remballe mes livres et jette un coup d'œil par-dessus mon épaule. Le banc est vide.

1. Mademoiselle.

32

— Josette, tu me suis.

L'ordre de papa me semble presque lointain. Allongée sur mon lit, j'ai bien entendu la porte claquer, j'ai surpris aussi son pas pressé, mais mon attention est focalisée sur le mur de ma chambre. Je n'avais jamais vraiment remarqué les motifs du papier peint. Il est jaune, rythmé par de longues bandes verticales à fond bleu sur lesquelles s'entrecroisent des tiges vertes. Les couleurs des motifs ornementaux me rappellent ceux du croquis griffonné par mon père dans mon atlas de géographie. Entre les tiges se détachent des coquelicots rouge sang que mes yeux semblent voir pour la première fois.

Lorsque nous nous sommes installés dans cette maison, l'oncle Auguste, venu donner un coup de main, avait suggéré que cette chambre nous accueille, Micheline et moi. « Les enfants, ça se fiche de la déco. Foutez les filles ici, elles seront très bien. » Ma mère avait rattrapé sa mesquinerie en disant que les coquelicots comptaient parmi les espèces les plus robustes, que, quelle que soit la saison, ils n'en faisaient qu'à leur tête et se débrouillaient toujours pour pousser là où on ne les attendait pas. « Un peu comme mes deux filles », avait-elle lancé fièrement.

La porte du jardin grince en se refermant. Je sors de ma rêverie et rejoins mon père au potager. Face aux plants de tomates, dont il ne reste désormais que des tiges nues, j'aperçois sa silhouette de dos.

— Tu sais pourquoi on utilise des roseaux pour faire pousser les tomates ?

— Pour les faire grandir ? Pour qu'elles donnent de bons fruits ?

— Il faut leur apporter assez de soutien pour qu'elles poussent, et assez de structure pour qu'elles sachent où aller. Sans tuteur, une plante peut s'étendre de manière tentaculaire. Elle peut mettre les autres en danger. Les roseaux leur montrent un chemin.

— Papa, tu es fâché ?

— Qu'est-ce qui t'a pris, bon sang ?

La colère a jailli hors de lui, me faisant sursauter. Je ne me rappelle pas la dernière fois qu'il a haussé la voix ainsi. Il me regarde avec des yeux inquiets. Il sait pour le square. Il sait que j'ai joué la comédie devant les Boches. Qui lui a dit ?

— Tu aurais pu nous mettre en danger.

— J'ai été prise de court…

— Tu n'es pas seule dans cette histoire.

— J'aurais dû faire quoi alors ?

— Tu n'aurais pas dû bouger. Tu sais qu'il y a un réseau de plusieurs milliers de personnes qui se battent tous les jours depuis plusieurs années maintenant pour sauver ce pays. Ce n'est pas pour tout saboter par un acte d'inconscience. Tu as pris des libertés qui auraient pu nous coûter cher.

— Mais papa, s'ils s'en étaient pris à l'indic… J'allais pas rester là, sur ce banc, les bras croisés, avec le type, les atlas entre nous et ces deux Boches qui allaient nous tomber dessus ! Tu aurais fait quoi, toi ?

— Ce n'est pas le sujet. Toi, moi, nous ne sommes pas le sujet. Il y a une procédure à suivre. Même si on agit dans l'ombre, on fonctionne comme une armée. Si, au moindre coup de panique, chacun n'en fait qu'à sa tête, on se fait repérer, arrêter, démanteler, tuer. Qu'est-ce que tu crois ? Que ton indic est un incapable ? Qu'il en est à son coup d'essai ? Qu'il n'en a pas croisé d'autres, des nazis ?

Le ton monte encore, mais je ne plie pas :

— J'ai bien vu qu'il ne réagissait pas. Si je n'étais pas intervenue, qui te dit qu'on serait encore là ?

— Qui es-tu pour prendre ce genre de décision seule ?

— Mais… je pensais faire ce que tu attendais de moi.

Ma voix se brise au fur et à mesure que les mots sortent. Mon estomac se noue. Mes yeux me piquent, et je sens le chagrin monter. Nous restons là, sans rien dire, pendant de longues secondes. Mon regard se pose sur les roseaux du potager. La structure de la plante. Entre deux tiges de bois, une note de couleur est apparue. Le pétale d'un coquelicot naissant.

33

Dans *Le Comte de Monte-Cristo*, le jeune marin Edmond Dantès doit épouser la puissante Mercedes le lendemain de son arrivée à Marseille. Mais, soupçonné de conspirer en faveur de Napoléon Bonaparte, il se retrouve victime d'un complot et est emprisonné au château d'If.

Le soir du mercredi 1er mars 1944, je découvre pour la première fois le roman d'Alexandre Dumas, sous la forme d'un film projeté au cinéma en plein air de Perpignan. Au début, papa a peiné à convaincre Micheline : « Il y a des moustiques. » « Il fait trop chaud. » « Il fait froid. » Mais nous voilà finalement installés tous les quatre devant l'écran, en cette veille de congé scolaire. « Il faut profiter tant qu'on peut. On ne sait pas de quoi demain sera fait », a dit mon père. Il se commande une bière, maman nous prend deux verres de lait. Des lampions décorent la buvette. Un moment hors du temps comme nous n'en n'avons pas eu depuis le début de la guerre. L'après-midi n'a pas été non plus celui d'un jour comme les autres. Alors que je prenais place, comme à mon habitude, dans le square devant le collège, papa a soudain surgi devant moi. Changement de programme : la mission attendra ! Pas question de coder ou de décoder des messages aujourd'hui. Pas de document à transmettre. Pas d'atlas. J'ai quitté mon banc et l'ai suivi, sa main serrant fort la mienne. Il a décidé de m'emmener à un mystérieux rendez-vous.

Il faut dire que, partout où nous allons, nous servons l'un à l'autre de parfait alibi. Les gens croient voir un père marcher avec sa fille. Et moi, je me délecte de leurs regards naïfs. Parce qu'ils ne soupçonnent pas l'adolescente que je suis devenue sous mes airs de fillette, j'ai l'impression de pouvoir tout me permettre. D'être puissante. Papa connaît mon emploi du temps comme je connais le sien. Il sait que, le lundi, je termine par de la géographie. Ou que le jeudi je m'occupe de Micheline. Je sais qu'en début de semaine il part en déplacement à Poitiers. Qu'il faut attendre mercredi soir pour le retrouver. Mais pas cette fois.

Dévalant les ruelles autour de la gare, j'étais curieuse, presque impatiente de découvrir notre destination. Une rue à gauche, une rue à droite, un trottoir un peu cabossé avant un passage clouté, le pas qui ralentit quand nous approchons d'une maison de ville. « Je crois que c'est ici… », a marmonné mon père. Nous nous trouvions à deux pas du marché de gros, non loin de la maison. À peine le temps de sonner et la porte s'est ouverte sans un bruit. Un type d'une quarantaine d'années aux traits tirés se tenait face à nous. Lentement, il a dévisagé papa puis a baissé les yeux vers moi. Il les a détournés aussitôt, comme surpris de ma présence.

« C'est vous, Milor ? » a-t-il demandé à mon père avec un léger tremblement dans la voix. Son front luisant et son regard fuyant ne m'inspiraient rien de bon. Mon père a répondu d'un hochement de tête, et l'homme nous a fait entrer dans la bâtisse mal éclairée, au long couloir étroit. Au premier étage, un hall minuscule desservait plusieurs pièces aux portes sombres. L'homme a ouvert l'une d'elles et s'est engouffré dans ce qui me semblait être un bureau. Papa m'a fait asseoir sur une chaise en face de la porte et s'est accroupi. Plaçant ses mains sur mes genoux, il m'a regardée droit dans les yeux.

— Tu ne bouges pas de là, Jo. Je reviens dans un instant.

— Entendu.

J'ai promené mon regard dans l'obscurité du palier. Sur la table basse à côté de moi, un vase avec des fleurs assoiffées. Je n'entendais pas un mot de ce qui se disait dans la pièce où mon père avait disparu. Quatre carreaux d'une fenêtre poussiéreuse. En bas, la rue. *Vingt-sept, vingt-huit, vingt-neuf, trente* : sur le rideau, trente losanges jaunes à bordure kaki. *Sept, huit, neuf losanges kaki à bordure jaune.* Après avoir compté aussi les rayures du papier peint et les photos dans la cage d'escalier, je suis passée au sol en tommettes.

À travers la cloison, j'ai commencé à percevoir des bribes de conversation, sans pouvoir en distinguer le sens. J'entendais surtout les silences entre les questions et les réponses. Huit tomettes rouges et sept tomettes blanches depuis le pied de ma chaise jusqu'à la porte fermée. Soudain, la poignée s'est inclinée, et mon père est sorti, suivi du type. La mine fermée, papa m'a prise par la main, et nous avons dévalé l'escalier, talonnés par notre hôte. À peine un hochement de tête en guise d'au revoir, et mon père m'a traînée d'un pas ferme sur le trottoir d'en face. L'homme, planté sur le perron, les mains dans les poches, nous a regardés nous éloigner.

— Ce monsieur ne me plaît pas.

— À moi non plus, a répondu mon père.

Nous n'avons rien échangé d'autre sur le trajet du retour. Arrivés à la maison, sans même nous consulter, nous nous sommes dirigés vers le jardin. Papa est resté silencieux durant d'interminables minutes. Faisant les cent pas, les mains derrière la tête, les lèvres pincées.

— Il faut qu'on fasse attention, ma Jo.

— Qu'est-ce qu'il t'a dit ?

— Il m'a dit… Il m'a parlé d'une filière. Enfin d'une famille. Ou de plusieurs. Des Juifs…

Son discours, d'ordinaire si clair et précis, était désorganisé. Il a continué à tourner en rond dans le jardin, puis, après une grande inspiration, s'est planté face à moi.

— Le gars m'a laissé entendre qu'il savait des choses. Il m'a parlé de faire passer des Juifs en Espagne, mais c'était très flou.

— Les faire passer par le réseau ?

— Par la filière de Las Illas.

— On le connaît, ce type ? Qu'est-ce qu'il veut exactement ?

— Il a besoin d'aide pour faire passer des enfants cachés en lieu sûr.

— Mais tu ne t'occupes pas d'enfants cachés…

— C'est bien ça, le problème. Ce type voulait me tirer les vers du nez…

— … mais avec des informations incorrectes.

— Ça te dirait, une soirée cinéma en plein air ? Il y a un film de cape et d'épée en ville.

Prise de court, j'ai ouvert de grands yeux, tandis que mon père posait un baiser sur mon front et quittait le jardin. Il a regagné la maison, et j'en ai fait autant. À l'intérieur, tout le monde était là. Micheline terminait ses devoirs. Ma mère mettait de l'ordre dans les placards de la cuisine.

— Est-ce vraiment une heure pour jardiner ?

— Je nourrissais le lapin.

À l'écran, je découvre avec passion les aventures du comte de Monte-Cristo. L'histoire commence mal : Edmond Dantès sera vendu par un traître et n'épousera pas la belle Catalane. Il passera quatorze années de sa vie derrière les barreaux avant de s'évader avec à l'aide de son codétenu.

Sur le chemin du retour, maman et moi ne tombons pas d'accord sur la beauté de Mercedes. Papa et Micheline analysent en boucle la scène de l'évasion. Mille fois, j'ai tremblé pour le héros, priant qu'il s'en sorte. Le lendemain, mon père est arrêté par la Gestapo.

34

La fumée me pique les narines. Les vapeurs me brûlent la rétine. Je n'arrive pourtant pas à détourner les yeux. Je fixe, dans un état second, les documents qui s'embrasent. Un nuage brun s'en dégage, emportant avec lui les mots, les phrases, les souvenirs.

Ce jour-là, le vent souffle en rafales et balaye l'ensemble des preuves devenues cendres. Je me tiens immobile, dans le jardin derrière la maison. « Ma petite fille, votre papa vient d'être arrêté. Vous devez rentrer immédiatement chez vous. » Les mots de la directrice tournent en boucle dans mon esprit. Courir à toutes jambes, prévenir le voisin, sauver le réseau, vider les roseaux, détruire, brûler. Le feu a rongé les papiers un à un et consumé tout ce que papa m'avait demandé de faire disparaître. Tickets, cartes, lettres. « S'il m'arrive un jour quelque chose, ma Jo, tu brûles tout. » J'imagine mon père dans une cellule sombre, les poignets rougis par les sangles qui le retiennent à une chaise métallique. Une odeur d'humidité, un sous-sol glacial. Je chasse cette pensée de ma tête et ravale un sanglot. Il me reste une pièce à conviction. Je la serre entre mes mains comme si on s'apprêtait à me l'arracher. La boîte d'allumettes n'attend que moi. « Tu brûles tout. » Des consignes sans équivoque, que j'ai appris à suivre à la lettre. Je m'accroupis près du brasier mourant, mais pose l'atlas à côté des cendres. Je ne peux pas.

Immobile, le bout des doigts réchauffé par les braises, je lis les quelques mots en couverture comme si je les découvrais pour la première fois : *Le monde dans votre main.* Le monde, je ne sais pas, l'avenir de Gallia, peut-être. Laisser des preuves, c'est donner des billes à l'ennemi. Mais que vaut une seule pièce, sortie de son contexte ? Un livre de géographie n'a jamais représenté un grand danger. Il n'est qu'un vaisseau, un relais. Un bout de carton abîmé.

— Non, dis-je à haute voix. C'est non.

Si je le brûle, je nous protège. Mais alors je ne laisse rien. Rien de notre secret, rien de nos messes basses près du potager, rien de nos randonnées jusqu'au kilomètre 1 par une nuit de pleine lune, rien de nos messages codés, des lettres, des mots de passe, des échanges, des renseignements. Rien de la lutte, de notre résistance. Rien de nous. *Tu ne peux pas me demander ça, papa. Cet atlas, c'est nous. C'est toi et c'est moi. Et c'est Micheline, un peu. Il n'y a qu'elle pour gribouiller correctement sur mes affaires.*

Je regarde à droite, à gauche : pas un chat. Les bourrasques se sont calmées. Comme si le jardin retenait son souffle avec moi. J'ouvre l'atlas. Au verso de la couverture, le drapeau français crayonné par papa. Bleu, blanc… non ! Rouge, blanc, bleu. Il flotte selon un vent contraire. Pourquoi représenter un drapeau vu de dos ? Mon père avait-il esquissé son pendant symétrique sur l'autre atlas ? Si je devais y voir un indice, ce serait d'aller moi aussi à contre-courant. Désobéir pour une fois. Sur l'étendard, deux mots encadrent la croix de Lorraine : *honneur* et *patrie.* Deux mots qui me rappellent à l'ordre. « S'il m'arrive un jour quelque chose… » Je saisis la boîte d'allumettes, j'en craque une et j'approche la flamme de la première page. *Les départements français.* Tandis que mes yeux se posent sur la pointe bretonne, je sens mon ventre se serrer. Je souffle sur l'allumette et serre très fort mon atlas contre mon cœur.

De la maison s'échappe un bruit de porte qui me fait sursauter.

— Papa, c'est toi ?

35

— Tu es folle ! Josette, tu es folle !

Son cri m'atteint. Il me tire du silence. Je lève le regard vers ma mère. Elle est furieuse et terrifiée. Ça se voit dans ses yeux.

— Je fais ce qu'il m'a demandé de faire, maman.

— Y a eu le feu ? C'est quoi, cette fumée ?

— Il avait dit de tout faire disparaître.

— Tu as vu l'état de la pierre, maintenant ? Apporte-moi un balai, on va déblayer ça. Tu n'es pas blessée, au moins ?

— Papa a été arrêté.

Ma mère marque un silence.

— Comment le sais-tu ?

— Peu importe. Faut qu'on se protège. Faut éliminer les preuves.

— Mais enfin, Josette, qu'est-ce que c'est que cette histoire ?

— Maman, arrête de me prendre pour une idiote. C'était un ordre de papa : brûler tout ce qu'il y avait dans les roseaux.

Ma mère écarquille les yeux et rejette la tête en arrière dans un mouvement de surprise.

— Qu'est-ce que papa t'a raconté ?

— Tout.

— Quoi « tout » ?

— Je sais que tu es résistante.

Sidérée, ma mère manque de se déboîter la mâchoire avant de lâcher un rire nerveux.

— Je sais tout. Les Pyrénées, les prétendues livraisons de légumes, la pièce débarras. Et, pendant tout ce temps-là, tu ne m'as rien dit.

— Tu ne sais pas de quoi tu parles.

— Crois-moi, je sais très bien de quoi je parle, maman.

— Tu ne connais que ce que t'a raconté ton père… qui ne peut vraiment rien te cacher, apparemment.

— J'aurais préféré que ce soit toi qui me le racontes. Tous ces mois, à me prendre pour une imbécile. À t'absenter pour le marchand de légumes, alors qu'en fait tu prenais des risques.

— Je ne t'ai rien dit parce que je voulais te protéger.

— Mais de quoi ?

— De la Résistance, voyons !

— Mais j'en fais partie, maman !

Sur la terrasse du jardin, ma voix écrase soudain la sienne. J'énumère les missions, les lieux, les moments. Je lui raconte le travail de liaison avec les indics. Moi aussi, je suis dans le secret. Moi aussi, il m'a dit. Moi aussi, j'ai eu le droit de savoir. Il n'y a pas qu'elle qui a pris des risques. Je la regarde, fière.

Ma mère reste figée. Je m'attendais à une réaction violente mais rien ne sort de son corps menu. Sa colère s'est transformée en stupeur. Sa bouche s'affaisse. La tristesse gagne progressivement son visage. Je pensais la mettre en rogne, mais c'est la déception que je lis dans son regard. Nous restons de longues secondes sans parler.

— Je vais chercher ton père.

— Où vas-tu ?

— À la Gestapo.

— Je viens avec toi.

— Tu ne bouges pas de là. On t'a suffisamment exposée, il me semble. Maintenant tu veilles sur ta sœur, elle ne va pas tarder à rentrer. C'est un ordre et il vient de ta mère. Jusqu'à preuve du contraire, c'est encore ma place.

Mercredi 28 mars, 2018
Lycée Christian-Bourquin, Argelès-sur-Mer
11 h 12

Dans la classe, devant les vingt-huit adolescents qui n'ont pas perdu une miette de son récit, Josette se sent vulnérable. Ils connaissent, désormais, le tournant de l'histoire qu'elle craignait de raconter. Ce passage, elle l'a déjà évoqué mille fois, ils s'en doutent. Et pourtant, la peine se lit toujours autant dans ses yeux. Comme si l'exercice était inédit.

— Papa a été emprisonné le 2 mars 1944.

La phrase sort de la bouche d'une vieille dame, mais c'est une petite fille brisée que l'on entend.

— Comment vous avez su pour son arrestation ?

— J'ai toujours cru que j'étais seule sur ce banc. Qu'il n'y avait que mon indic et moi. Que, s'il se passait quelque chose, j'étais livrée à moi-même. Mais j'avais un ange gardien.

— Vous croyez aux anges gardiens ?

— Non. Je ne suis pas religieuse pour un sou. Mais j'étais protégée. Mon père avait tout prévu. C'est comme ça qu'il a su pour ma gaffe avec les Allemands. La fois où j'ai failli nous griller. Depuis le collège, quelqu'un avait assisté à toute la scène.

— Ginette ?

La résistante sourit.

— Non, il s'agissait de quelqu'un qui me voyait presque tous les jours. Qui avait pris mon atlas entre ses mains. Qui connaissait mon père. Quand elle m'a appelée dans son bureau le jour de l'arrestation, j'ai remarqué que sa fenêtre donnait directement sur le square.

— La directrice !

— Oui, madame Lacrosse était résistante et se battait aux côtés de Gallia elle aussi. Mais je ne l'ai appris que des années après.

Josette explique ensuite que son père aurait pu fuir, mais qu'il ne l'a pas fait pour éviter des représailles contre sa famille. Après la dénonciation, les Boches l'ont cueilli dans sa boutique, aux Dames de France. C'était un matin de grand soleil et de tramontane. Elle imagine qu'il s'y attendait. Qu'il les a vus approcher, ces scélérats, comme dans un mauvais film, mais qu'il n'y avait déjà plus rien à faire. Que son patron a ouvert un tiroir du bureau pour que Michel y glisse en vitesse son portefeuille. Planque refermée. Terminé.

Tout en racontant, Josette sort l'objet de son cartable. Un simple étui en cuir marron. Élégant et fin, à l'image de son propriétaire.

— Il a ensuite été emmené à la citadelle de Perpignan, explique-t-elle. Une prison où on flanquait les éléments gênants, comme mon père.

— Mais comment ils ont su qu'il était résistant ? demande Khedidja.

— Il a été vendu.

— Par qui, vous le savez ?

— Le type qu'on avait rencontré la veille, je pense. Mon père a été torturé pendant des semaines, mais il n'a jamais rien lâché. Rien. Nous n'avons pas eu la visite de la police à la maison. Pas une seule perquisition.

— Et le réseau, alors ?

Khedidja, toujours la question pertinente.

— Sauvé. Aucun autre membre n'a été arrêté. La voisine qui m'a ouvert la porte ce jour-là, celle à qui j'ai dit que mon vélo était à plat... c'était la compagne de Louis Place, le cheminot. L'ami de mon père. Lui aussi appartenait à Gallia. Il a dû faire passer le message aux autres.

— Et votre père, il a été libéré quand ?

36

« *Je vais bien.* » Je relis la phrase pour la millième fois. « *Je vais bien.* » Le message est arrivé sur un morceau de papier froissé. J'ignore comment ma mère l'a reçu. Depuis l'arrestation de papa, elle ne me parle plus. Sauf pour les affaires courantes : « Josette, mets la table », « Josette, c'est l'heure du souper », « Josette, je pars à la clinique, occupe-toi de ta sœur ». Elle ose à peine me regarder dans les yeux et, lorsqu'elle le fait, c'est avec beaucoup de sévérité. Ce matin, elle a posé le feuillet chiffonné sur la table du petit déjeuner, sans dire un mot. Elle a attendu que je le lise. J'ai senti sa main presser mon épaule, puis elle a quitté la pièce. J'ai lu et relu cette simple phrase, j'ai dévoré ces trois mots, j'ai inspecté l'écriture. Des *a* bien ronds, des *i* sans point, des *n* qui ressemblent à des *m*... Aucun doute, c'est bien l'écriture de mon père.

Pour la première fois en douze jours, nous avons un signe de vie de sa part. Après m'avoir trouvée dans le jardin en train de brûler les preuves, ma mère s'est rendue à la Gestapo. Une maison sinistre sur l'avenue de la Gare. Se faisant passer pour une infirmière, elle a prétexté que papa avait besoin de médicaments. Le chef était en sueur, sa peau avait pris une teinte rougeâtre comme après un effort. Il venait sans doute de s'acharner sur un prisonnier. L'idée qu'il pouvait s'agir de mon père me hante depuis ce jour-là. Le tortionnaire a conseillé à ma mère de déguerpir : « Vous savez ce qu'on fait à ceux qui aident les Alliés, madame ? On les supprime ! » Elle a essayé de négocier, mais il n'y avait rien de plus à en tirer, si ce n'est encore davantage de risques pour nous. La mort dans l'âme, elle a dû se résoudre à repartir sans l'avoir vu. Elle n'a pas voulu m'en parler directement, ce sont mes grands-parents qui me l'ont raconté.

« Les terroristes, on les envoie croupir en Allemagne », a raconté Agnès à la récré tout à l'heure. Saleté de collabo. Elle se montre particulièrement vilaine ces temps-ci. Comme les nouvelles du front sont bonnes, elle a sans doute les chocottes que son père se retrouve au chômage ! Les Alliés progressent, nous dit Radio Londres. Si les nazis reculent, Agnès finira peut-être par la boucler. Elle n'est pas la seule à me traiter avec dédain. Depuis que papa a été arrêté, j'ai été mise en quarantaine. On ne cause pas avec la fille d'un criminel. Même Ginette évite autant qu'elle peut d'être vue en ma compagnie. En classe, elle a pris place deux rangs plus loin. De temps en temps, elle me passe un carré de chocolat ou dessine un cœur sur mon cahier. Sa façon à elle de me dire qu'elle est encore là. Les autres me regardent avec un air gêné ou font des messes basses lorsqu'ils me croisent. Moi, je m'en bats l'œil, de ce qu'ils pensent ! « Surveille ton langage, Josette ! » dirait ma mère si elle m'entendait.

— Josette, rangez ce papier, voulez-vous ?

Mme Lacrosse a parlé à voix basse. Je cache la note de mon père dans mon cartable et m'excuse. Je n'ai pas écouté grand-chose aujourd'hui, la journée m'a semblé durer une éternité. Le temps s'étire depuis que papa est parti. Je prie le soir. Lui qui déteste les bondieuseries, il me passerait un savon s'il le savait. Sa religion, à mon père, c'est la SFIO. Moi aussi j'ai foi dans le socialisme mais, là, le seul qui puisse m'aider, c'est probablement Dieu. Ou son fils, le petit Jésus. Paraît qu'il fait des miracles. Ça ne coûte rien d'essayer, tous les moyens sont bons pour faire revenir papa à la maison. En quittant la classe à la fin du cours, Ginette me tapote amicalement sur l'épaule. Moi, je prévois de faire une halte avant de rentrer : direction le banc.

Même si je ne reçois plus d'instructions, je n'ai pas dérogé à la règle : « Josette, s'il m'arrive quelque chose, tu poursuis ta mission. » Papa avait été clair. Alors j'attends. Que quelqu'un me transmette un atlas, un message, quelque chose. Mais, depuis douze jours, c'est le néant. Bien que j'aie les yeux baissés sur ma leçon, je m'autorise de temps en temps un regard en direction de la gare. Pas de résistant en vue. Des vert-de-gris en pagaille, en revanche. Les Allemands sentent le vent tourner. Ils sont plus nombreux, plus nerveux. Ils patrouillent dans les rues, à l'affût. Mais une mission est une mission, et je m'y tiens. Je ne pourrai pas rester longtemps, ce soir, encore une ou deux minutes à peine. Ma mère m'a donné deux tickets de rationnement, je dois récupérer quelques pommes de terre à l'épicerie, s'il en reste.

Le banc est mon repère. Les trains qui arrivent, les bourrasques dans mes cheveux, le sifflet aigu des agents, les bruits de bottes. Des sons parfois hostiles mais familiers. Je ne suis pas prête à ce que cela s'arrête. Parce que, si j'arrête, que deviendra papa ?

Des pas sur le gravier me tirent de ma rêverie. Une patrouille est entrée dans le square. Je file. Personne n'est venu aujourd'hui, tant pis. Je reviendrai demain et le jour d'après, et celui d'après. Mon cartable sous le bras, je pars en ville, en quête de mes pommes de terre. Mathilde, la commerçante de la rue des Augustins, m'a à la bonne, elle m'en garde souvent une ou deux le vendredi. Mais, quand j'arrive sur place, le rideau est tiré. Bizarre. Je demande aux passants. Ils n'en savent rien. J'interroge Pierre, le couturier de la boutique d'en face.

— Mathilde n'est plus là. Les Allemands les ont emmenés, elle et toute sa famille.

Je le regarde, abasourdie.

— Ils étaient Juifs. Traînés de force à la Gestapo. Maintenant, rentre chez toi, le centre-ville grouille de Boches.

Je sors et presse le pas. En ce moment, les rumeurs de rafles et d'arrestations circulent jusque dans la cour de récréation.

Pas de pommes de terre pour ce soir. Je vais passer aux entrepôts récupérer quelques conserves chez ma grand-mère. Au détour d'une rue, j'aperçois une silhouette familière. Képi vissé sur la tête, veste boutonnée jusqu'au cou, montre à gousset. Je suis presque sûre que c'est lui…

— Louis !

Un sourire jusqu'aux oreilles, je m'empresse de courir dans la direction du cheminot. Papa, le réseau, les camarades. Il doit pouvoir m'aider. Il doit savoir, lui.

— Louis !

Hors d'haleine, je ne suis plus qu'à quelques mètres du camarade de mon père. Il pose les yeux sur moi, semble me reconnaître. Je lui fais un grand signe de la main, mais Louis baisse le regard. Il tourne instantanément les talons, me stoppant net dans mon élan. Voyons, je n'ai quand même pas rêvé ! Je sais reconnaître un visage. Je l'appelle encore, pensant qu'il ne m'a peut-être pas bien vue… Sous mes yeux incrédules, il monte dans le tram. L'arrivée de deux policiers me dissuade de le suivre. Derrière la vitre, il soutient mon regard tandis que le véhicule s'ébranle. Il finit par s'installer en me tournant le dos, me laissant comme une idiote, plantée sur la chaussée. À quoi joue-t-il ?

— Josette, tu es en retard, maman va te disputer, me nargue Micheline en m'ouvrant la porte d'entrée.

— Je ne suis pas d'humeur, là, Micheline.

Je la bouscule d'un coup d'épaule et m'engage dans le couloir.

— Il y a Auguste dans la chambre.

— Qu'est-ce que tu racontes ?

— L'oncle Auguste. Il est là. Il dit qu'il veut récupérer le bureau. Mais, moi, j'en ai besoin pour faire mes devoirs. Je ne vais pas les faire dans la cuisine !

Je lui lance un regard d'incompréhension et me dirige vers notre chambre d'où proviennent des voix animées. J'attrape la conversation au vol.

— Vous devriez avoir honte...

— C'est toi qui devrais avoir honte, Thérèse. C'est toute cette famille qui devrait avoir honte, pas moi !

Je reconnais la voix du vilain et fais irruption dans la pièce.

— De quoi on aurait honte, nous ?

— Josette, s'il te plaît, pas maintenant, dit ma mère. Va voir si ta sœur a besoin d'aide pour le souper.

— Ouais, c'est ça, crache Auguste. Pas maintenant et pas plus tard non plus ! Toujours à foutre son nez dans nos affaires, celle-là.

— Je vous interdis de parler ainsi à ma fille.

Ma mère m'implore du regard en soupirant, mais je ne bouge pas d'un pouce. L'oncle Auguste, une table de chevet sous chaque bras, trône au milieu de la chambre, le manteau encore sur le dos.

— Nos tables de nuit !

— Auguste est venu récupérer les meubles qu'il nous avait prêtés à notre arrivée.

— J'attends toujours un merci, d'ailleurs, s'offusque-t-il.

Je sens la colère me monter aux joues.

— Et pourquoi tu les reprends, tes meubles, tout à coup ?

Auguste éclate d'un rire nerveux.

— Pourquoi, qu'elle demande, la petite ! Ton père, voilà pourquoi !

— Auguste, ça suffit maintenant, intervient ma mère.

— Quoi, mon père ?

J'insiste. Oncle Auguste n'a jamais aimé qu'on négocie. Même en vacances, il avait l'art de tout nous refuser. Il nous prêtait sa maison, certes, mais il nous le faisait bien payer.

Je lui barre la porte par laquelle il s'apprête à sortir. Je suis presque aussi petite qu'il est large.

— Moi, je veux rien avoir affaire avec un criminel, c'est tout ! Je veux pas qu'on me cherche des noises.

— Papa n'est pas un criminel.

— Et qu'est-ce que tu en sais, toi ? Il est à la Citadelle, c'est là qu'on flanque les terroristes.

— Papa n'est pas un terroriste. Et, les criminels, ce sont ceux qui l'ont arrêté.

— Quelle petite impertinente ! Thérèse, tiens un peu tes gosses, tu veux ? Vous salissez le nom de notre famille.

— Notre famille ? On ne dépouille pas les siens quand on est de la même famille, assène ma mère.

— Et si ça remonte jusqu'à moi, hein ? Il y a pensé, Michel, avant de jouer au résistant ? Moi, j'ai rien à me reprocher, j'ai pas envie que la Gestapo retrouve mon bureau et mes chaises chez vous.

— Tes chaises sont bancales, et il y avait des mites partout dans mon tiroir ! crie Micheline qui est venue filer un coup de main.

— Écoutez Auguste, vous en avez assez dit. Prenez vos bricoles, votre aigreur et votre lâcheté. Et sortez de chez nous.

Lorsque l'oncle de mon père quitte la pièce, ma sœur et moi rejoignons maman qui s'est assise au bord de mon lit, l'air soudain très las. Nous attendons patiemment que le grossier personnage ait terminé son déménagement dans un boucan d'enfer. Pourvu qu'il s'écrase un orteil avec le réchaud ! J'étais sûre qu'il finirait par reprendre ses affaires, il ne fait jamais rien de gratuit.

Plongeant la main dans mon cartable, j'attrape le petit bout de papier et le place sous les yeux de ma mère. « *Je vais bien.* »

— Tu sais, maman, quand papa sera de retour, on installera une nouvelle commode. Ses meubles étaient moches, à l'oncle Auguste, de toute façon.

Ma mère se relève, lisse sa jupe, sèche ses yeux humides.

Chez les Torrent, on ne se laisse pas abattre.

37

Elle est là, posée sur le perron de la maison. Pliée dans une enveloppe jaunie. Difficile de déterminer quand elle a été envoyée. On dirait presque que c'est elle qui nous a attendues, et pas nous qui avons désespérément guetté des nouvelles de papa. Micheline a mis la main dessus la première. Ce soir de mai, nous passons la soirée à lire, déchiffrer, décoder, puis relire, analyser, interpréter, décrypter... Nous prononçons chacune à voix haute les lignes du courrier que mon père nous a adressé.

5, boulevard Saint-Assiscle Perpignan

Bien chers tous,

Un mot pour vous donner de mes nouvelles.
La santé et le moral sont bons.

J'espère qu'il en est de même pour vous. Ma chère petite femme, il faudrait que tu m'envoies un colis de nourriture. Comme il n'y a pas de poids limite, tu me l'enverras dans ma valise, n'oublie pas de mettre du tabac, car ici nous en manquons.

De plus, tu devrais écrire à papa, s'il pouvait m'en envoyer un peu, écrire aussi à Mme Ragot si elle pouvait me faire envoyer un peu de charcuterie que tu lui paierais, de même que sa nièce pourrait envoyer des haricots secs au prix qu'elle m'avait dit. Voir si Marie-Jo pourrait envoyer un peu de beurre.

Ceci dit, maintenant tu devrais faire un autre colis, celui-ci de vêtements, dans lequel tu mettras ma culotte de cheval, mes gros souliers, une paire d'espadrilles.

Je vous embrasse.

Michel.

Une fois Micheline couchée, nous restons, ma mère et moi, à contempler le papier sous la lueur d'une bougie. Elle répète des segments de la lettre.

— Dans ma valise… dans ma valise…

— C'est qui, Mme Ragot ? Et Marie-Jo est en Bretagne… De quoi parle-t-il ?

— Dans ma valise… dans ma valise… Il n'a pris aucune affaire, ça n'a aucun sens.

Ma mère s'est levée. Elle fait les cent pas.

— Tu y comprends quelque chose, maman ?

— Ton père s'en va. Je crois qu'il veut juste nous le dire.

Mon cœur manque un battement.

— S'en va où ?

— Il n'y a qu'un endroit où on envoie les résistants aujourd'hui. En Allemagne.

38

— Vous n'auriez pas l'heure, mademoiselle ? Ma montre m'a lâché.

— Il est treize heures et trente-six minutes, monsieur.

Gagné ! Le mot de passe est bon. Voilà des mois que je ne l'avais pas entendu. L'homme s'installe à ma droite et ouvre son journal à la page des actualités régionales. *Tarn-et-Garonne : 33 personnes pendues à Dunes par une unité de SS à la recherche de résistants.* Mon ventre se noue. Heureusement, l'article ne montre aucune photo. Je me replonge dans mon manuel d'histoire. J'ai posé mon cartable au pied du banc. L'homme parcourt le reportage et tourne la page. Devant moi, un passant, la quarantaine, traverse le square. Élégant, coiffé d'un béret sur la tête, il me rappelle mon père. Il porte la moustache et promène un loulou de Poméranie. C'est étrange, papa n'a jamais aimé promener Rex. C'était toujours maman qui s'y collait.

Un bruit de papier froissé me ramène à mes affaires. Je me penche et attrape mon sac avant de le poser sur le banc. Une enveloppe qui ne m'appartient pas vient d'y atterrir. Un regard à ma droite : personne. L'homme se trouve déjà à une dizaine de mètres de moi, prêt à quitter le square. Quand la cloche du collège retentit, je rassemble mes cahiers et retrouve mes camarades de classe.

— Mais comment tu te débrouilles pour arriver systématiquement en retard ?

Ginette a l'art de poser les questions qui fâchent. Ça doit être une habitude chez les Oriol.

— J'ai pas vu l'heure passer.

— T'es bizarre quand même, Josette.

— Il nous reste sept jours à tirer avant les congés, qu'est-ce que ça peut faire ?

— Mais ça fait deux ans que t'arrives en retard ! T'as un amoureux ou quoi ?

— Oriol, Torrent, on ne vous dérange pas ?

Mme Lacrosse ne supporte plus les bavardages de Ginette. On est deux.

De retour à la maison, je découvre l'enveloppe laissée par l'indic. Je l'ai appris : chaque courrier contient, d'une part les instructions à suivre et, d'autre part, le message à faire passer.

Le document à transmettre me semble être un plan de regroupement. On dirait la disposition de tables pour une fête foraine, mais j'ai l'œil. À en croire les dernières missions que j'ai eues avec papa, les enjeux sont devenus encore plus importants. Je n'arrivais même plus à lui arracher un sourire, lui si espiègle d'ordinaire. Car, si les Alliés parviennent à repousser progressivement les Allemands, en retour, les Boches s'accrochent. Des camarades disparaissent presque tous les jours, sans laisser de trace. Dans ce contexte, pas le droit à l'erreur. *Il faut faire vite, Josette, surtout ne pas te planter.*

Je mets près de deux heures à rejoindre ma destination à vélo. Même de loin, mon père a sa façon bien à lui de me rappeler que, le sport, c'est la santé ! Ma mère pense que je suis chez mes grands-parents, mes grands-parents pensent que je suis à la maison, et moi je me dirige vers Prades. La route à bicyclette par trente-cinq degrés, comment dire ? Une partie de plaisir.

En début d'après-midi, j'arrive sur l'avenue qui traverse la bourgade et reconnaît d'emblée les chaussures de l'homme. Les mêmes que celles que j'avais aperçues du coin de l'œil sur le banc. Des mocassins à glands, beiges. Assis sur un muret, il fume sa pipe. Je le regarde longuement, en ralentissant.

— Vous n'auriez pas l'heure, mademoiselle ? Ma montre m'a lâché.

39

— Josette, une compresse, s'il te plaît.

— La voilà.

Ma mère s'exprime calmement et distinctement. Chaque mot est pesé. Chaque geste, maîtrisé. Elle tamponne les abords de la plaie.

— Il faut la nettoyer, me dit-elle. J'ai besoin de la fiole d'alcool et du chiffon. Tu en fais une boule.

Je m'exécute et lui tends aussitôt ce qu'elle demande.

— Tu mords bien fort, dit-elle à son patient. Je serai rapide.

Le garçon acquiesce, les yeux brillants. Il doit avoir à peine deux ans de plus que moi. Il place le bout de tissu dans sa bouche grande ouverte et referme sa mâchoire dessus. Ma mère verse le contenu du flacon sur la blessure. Cri étouffé par le linge.

— Voilà, le rassure ma mère en lui caressant la joue. C'est presque fini. Josette, j'ai besoin de…

— Tiens, je l'ai désinfectée.

— Merci.

Je lui passe une longue pince en métal brillant. Maman l'a récupérée à l'hôpital de Perpignan avant de venir ici.

— Je vais retirer l'éclat de verre, d'accord ? Tu vas être courageux. Serre bien le torchon entre tes dents.

D'un geste chirurgical, elle retire le projectile de la cuisse ensanglantée du maquisard. Il est large comme deux doigts. Le garçon pousse un râle de douleur que ma mère tente de calmer.

— Inspire très fort. Expire maintenant.

Elle noue autour de sa jambe un bandage solide et lui retire le linge de la bouche. Des gouttes de sueur perlent sur le front du jeune homme, blafard. Ma mère l'invite à se caler sur un matelas de fortune, un peu plus loin.

— Je te laisse nettoyer Josette, je vais voir si mon autre patient est assez hydraté.

M'adressant un sourire sincère, elle pose une main sur mon épaule avant de tourner les talons. Je stérilise comme je peux les instruments et l'observe tandis qu'elle s'adresse avec douceur au second garçon, arrivé en début d'après-midi. Cela doit faire plus de quatre heures que nous occupons ce baraquement de bois au milieu des champs. Un bruit sourd me fait sursauter. Le tir d'une arme allemande. Je sais les reconnaître, maintenant.

— Baisse-toi, Josette !

Je me projette au sol, derrière une grande botte de paille. J'ouvre les yeux, tends l'oreille, à l'affût du moindre craquement. Ma mère fait de même, emportant dans sa chute Jeanne, son amie infirmière. Nous patientons. Peut-être trois secondes. Un autre coup de feu au loin me déchire les tympans. Je sens mes mains devenir moites contre mes tempes. Les Boches se rapprochent. « Dans cette ferme, nous serons plus en sécurité qu'à Perpignan », a décrété ma mère ce matin. Mais, depuis, les combats entre résistants et nazis se sont déplacés jusque dans la cambrousse. Au moins, s'ils sont sur la route de Prades, c'est qu'ils ont déserté le centre-ville. La libération de Perpignan a commencé hier matin. Résistants, maquisards, hommes et femmes pleins de courage ont pris d'assaut les troupes allemandes qui patrouillaient encore en ville. Ça tirait de partout. « Maman, restons. Papa aurait voulu qu'on se batte avec les autres », ai-je supplié. Sa réponse m'a fait l'effet d'une douche froide : « Papa n'est pas là pour le décider, Josette. C'est trop dangereux, fin de la discussion. »

Douze, treize, quatorze. Accroupie sur le sol poussiéreux, cachée derrière cet immense tas d'herbe brûlée, je compte les outils accrochés sur la paroi de bois. Je ferme les yeux.

Papa et moi sommes planqués rue de l'Enfer, à deux pas de la boucherie Delai. Un passage étroit qui mérite bien son nom dans cette période de guérilla urbaine. Dans la voie perpendiculaire, des bruits de bottes. « Jo, il n'y en a qu'un. C'est à toi de jouer. » Le reflet dans la vitrine d'en face me renvoie l'image escomptée : avec les deux nattes qui encadrent mon visage, j'ai l'air d'une gamine. Papa me lance un clin d'œil. C'est le signal. Je déboule rue de Mailly et me retrouve à quelques mètres d'un Allemand armé jusqu'aux dents. Il s'arrête net, en position défensive, son *Karabiner* pointé dans ma direction. Je lève les mains, l'air innocente et apeurée. Il baisse la garde.

— *Kind*, où sont tes parents ? Rentre chez toi ! crie-t-il.

Un coup sec sur la tête, l'Allemand s'écroule. Lorsqu'il tente de se relever, papa l'immobilise, aidé par deux camarades qui lui lient les mains dans le dos et lui fourrent un tissu dans la bouche. Et de cinq. Avec papa, nous nous sourions, remplis de fierté.

— Josette, donne-moi la seringue et l'anti-douleur. Notre ami a de la fièvre.

La voix de ma mère me ramène à la réalité, dans cette grange, au milieu des charrettes, des faux et autres engins plus ou moins dangereux. Je me relève, saisis le matériel et le lui tends. L'un des blessés est mal en point. Le teint pâle, les yeux mi-clos, il est pris de convulsions et peut nous lâcher à tout moment. Heureusement, sous l'effet de la piqûre qu'elle lui administre dans l'épaule, il se calme aussitôt.

— Vous formez un bon duo, toutes les deux, dit Jeanne.

Ma mère sourit tristement. Elle caresse les cheveux du malade.

— Où est ton autre fille ?

— Je l'ai envoyée en pension dans une famille ariégeoise. Ça devenait trop dangereux par ici.

— Elle doit te manquer terriblement…

Soudain, on tambourine à la porte. Maman se cambre, Jeanne se cache derrière l'établi, je m'accroupis.

— Ouvrez ! Nous sommes là pour vous ! Ouvrez !

Jeanne se tourne vers ma mère qui acquiesce d'un signe de tête. Elle sort de sa planque et tire prudemment le battant de la lourde porte. À peine l'a-t-elle entrouvert que pénètrent cinq, six, sept… huit visiteurs. Le torse bombé, l'allure conquérante et le regard sympathique. Mes muscles se détendent. Leur chef de file, un petit homme trapu aux sourcils épais, se présente sous le nom de Jean. Il explique faire partie d'un groupe de résistants qui patrouillent pour protéger les civils. Comme si on en avait besoin ! Jeanne esquisse un sourire amusé. Ma mère marmonne des remerciements et se tourne aussitôt vers moi, les yeux levés au ciel. Jean et ses camarades se placent aux quatre coins de la grange. Un certain Pierre reste dehors, à faire le guet.

Je m'installe auprès des deux blessés et repense à ce que maman m'a raconté. Apparemment, ils ont reçu la visite des Boches au petit matin. Ils ont dû quitter leur maquis près du village dans les Pyrénées, s'enfuyant sous les balles. Tous n'ont pas survécu.

Par une lucarne, je regarde le soleil décliner derrière l'horizon. Encore une journée qui s'achève, nous laissant épuisées mais toujours vivantes. Un bruit de moteur, dehors, provoque un frisson général, attirant tous les regards inquiets en direction de la porte. Pierre entre et referme derrière lui, le souffle court.

— C'est les Boches, ils arrivent ! Il faut déguerpir !

— Tu en es sûr ? demande Jean.

— Oui, j'ai vu un de leurs engins sur la route. Ils seront là dans moins de cinq minutes. Faut y aller, sinon on est tous morts !

— Mais vous avez des armes ! proteste Jeanne. Il faut se battre !

— De toute façon, on ne peut pas transporter les blessés, renchérit ma mère. Ils sont trop faibles pour…

Jean lui coupe la parole.

— Les gars, on se tire, c'est trop risqué !

Comme un seul homme, les membres du groupe se lèvent. Je suis interloquée. Alors c'est ça, la Résistance ? Courage, fuyons ?

— Mesdames, partez avec nous ! On a encore le temps.

Vous n'avez pas entendu ce que je viens de vous dire ? s'exclame ma mère, indignée.

— Jean, ils approchent, laisse-leur des armes ! suggère Pierre.

Jean fait glisser au sol une lourde caisse en bois.

— Là, vous avez des grenades. Vous leur en balancez dessus s'ils approchent. Je vous laisse ce fusil, aussi. De toute façon, vous ne craignez rien, ils épargnent les femmes et les enfants. À nous, en revanche, ils ne feront pas de cadeau !

On s'arrange comme on peut pour justifier sa lâcheté. Dans un élan héroïque, nos huit compagnons détalent comme des lapins en prenant bien soin de laisser la porte de la grange ouverte. Des amateurs professionnels !

Nous restons là, toutes les trois, bouche bée. L'un des maquisards blessés, le moins affaibli des deux, se saisit de l'arme. Il se hisse sur sa jambe encore saine et s'avance en claudiquant jusqu'à l'entrée. Un véhicule approche.

— Pas un bruit, fait-il.

Ma mère camoufle son patient encore alité d'une couverture et nous rejoint, Jeanne et moi, derrière une moissonneuse rouillée. Debout, l'homme pousse lentement la porte grinçante. Quelques pas dans l'herbe sèche traversent l'épaisse porte.

— Halte !

Notre gars charge son fusil, tandis qu'on entend le véhicule ralentir. J'imagine un groupe d'uniformes vert-de-gris débouler en courant. De ma planque, je ne vois rien et ne distingue que des bribes de voix. Un dialogue s'est amorcé. Que peuvent-ils avoir à se dire ? Est-ce que les nazis parlementent avant de passer à l'assaut ? Les battements de mon cœur pulsent à travers ma peau, ma bouche est sèche et, dans mon cou, je sens le souffle chaud de Jeanne. Sa respiration saccadée. D'autres pas dans la poussière. Probablement le blessé qui revient, je reconnais son pied qui traîne par terre.

— Sortez, il n'y a rien à craindre.

Alors que nous nous relevons lentement, nous apercevons au-dehors une poignée de combattants qui descendent d'un camion allemand. Ils ne portent pas l'uniforme, mais un pantalon sombre, une chemise beige en coton et un béret marron.

— Ce sont des amis ! Ils arrivent du maquis de Rabouillet pour libérer Perpignan ! Ils ont intercepté des Boches qui battaient en retraite à bord de ce camion.

Un grand maquisard aux yeux verts et aux cheveux mi-longs passe la porte de la grange, prudent. Il nous détaille du regard, les sourcils froncés.

— Des blessés ?

— Deux, répond ma mère.

— Merci de vous en être occupées. On prend le relais. Montez dans le camion, on vous ramène en ville.

— C'est trop dangereux, rétorque-t-elle.

— Madame, les Boches sont partis. Perpignan est libre. Vous êtes chez vous.

Une larme salée se dépose sur mes lèvres. Je ne l'avais même pas sentie couler. En ce 20 août 1944, par une chaude journée d'été ponctuée de combats sanglants, nous sommes enfin chez nous. Je pense à mon père.

40

Josette, veux-tu sortir maintenant !

— Non !

— Mais enfin, tu es ridicule.

— Je m'en fiche, Ginette.

— Que dira ton père quand il saura que tu t'es planquée dans les cabinets et que tu n'as même pas serré la main au grand héros de la Résistance ?

Touchée ! Pas toujours des plus fines, Ginette sait quand même appuyer là où ça fait mal. Assise sur la cuvette des toilettes, je fixe la porte en bois qui me sépare d'elle. Je n'ai aucune envie de sortir. Je risque d'être mal à l'aise. De ne pas savoir quoi dire. De bafouiller. Et puis à quoi bon ? J'ai gagné une médaille à la course, la belle affaire ! Mais prétendre que tout ça m'amuse alors que papa croupit quelque part en Allemagne, c'est au-dessus de mes forces. D'un autre côté, Ginette a raison. Si, à son retour, il apprend que je me suis dégonflée face au général de Gaulle, j'aurai l'air maligne.

— Mais je lui dis quoi, moi ?

— Eh bien, je n'en sais rien. Tu lui serres la main, tu le remercies, tu souris. Tu fais bonne figure. Comme avec Lacrosse, quoi !

— C'est pas pareil, Ginette.

— Pourquoi il t'intimide autant ?

Parce que c'est le patron de mon père. Le mien. Parce que c'est lui qui donne des directives depuis le début et qui pilote tout d'en haut.

Parce que c'est pour lui, pour la patrie, que papa a fait tout ce qu'il a fait. Parce que c'est à cause de lui aussi que, depuis un an et trois jours, je suis presque sans nouvelles. Mais cela, bien entendu, je ne peux pas te le dire, Ginette. En revanche, c'est vrai, je peux serrer la main du général. Pour mon père.

— Il est tellement grand et je suis toute petite. Que veux-tu que je te dise ?

— Mais c'est de Gaulle ! Petite ou pas, tu as gagné la course. Il ne va pas rester longtemps, alors dépêche-toi !

— Depuis quand il s'intéresse au cross ?

— C'est de la politique. Depuis la Libération, il passe son temps à serrer des pinces. Et puis il y a des journalistes ! T'es la seule fille du championnat, ça fera chic sur les photos ! Imagine la gazette de Limoges demain :

> 5 mars 1945, Josette Torrent, bientôt quinze ans, une fille championne de sa catégorie.

— Tu ne penses pas que la presse a autre chose à raconter que le championnat de cross-country ?

Je me relève et frotte mes vêtements pleins de terre. La boue a recouvert mes chaussures pendant la course. J'ai les ongles noirs de saleté.

— Attends, c'est pas tous les jours que t'es championne de France ! Tu as de quoi te vanter auprès du Général.

— Je vais surtout commencer par me vanter auprès de la grande gigue qui m'a narguée sur la ligne de départ. T'as entendu ce qu'elle a osé dire ?

— Non, quoi ?

— Elle a demandé à son entraîneur si c'était « avec ça » qu'on la faisait courir !

— La mauvaise. Tu t'es pas laissée faire, j'espère ?

— Je lui ai montré comment « ça » courait. Elle n'a pas été déçue du voyage, je lui ai mis plusieurs dizaines de mètres d'emblée.

Ginette s'esclaffe de l'autre côté de la porte.

— Là, je te reconnais, ma Josette. Une âme de résistante !

J'aurais pas mieux dit, Ginette.

— Bon, tu sors ? C'est ton heure de gloire, arrête de jouer les animaux sauvages pour une fois.

— Je sors si tu cesses de geindre. On dirait ma sœur.

— Ce que tu peux être rude avec elle !

— Oui, enfin, on ne va pas la plaindre quand même. En pension complète chez des bourgeois à la campagne, y'a pire.

Je pousse la porte et me retrouve nez à nez avec mon amie. Elle tient dans sa main la médaille d'or qu'elle me passe autour du cou.

— N'oublie pas ça.

Je lui souris avec tendresse.

— Elle y est bien là-bas, ta sœur. Au chaud et en sécurité. La jalousie est un vilain défaut. Et puis, toi, tu es championne de France de cross-country. Alors souris un peu !

— Ma foi.

— Et puis Micheline, elle ne pourra pas dire qu'elle a vu de Gaulle.

41

Ils arrivent par vagues. Hommes et femmes remplissent les quais. Les corps maigres. Le teint blafard, les pyjamas rayés. « Les revenants », dit ma mère. Juifs, résistants, opposants politiques. Mais ce sont leurs yeux qui me frappent, bien trop grands, dévorant leurs visages émaciés. Comme un poumon, la gare de Perpignan s'emplit et se vide tous les jours. On voit y défiler ces vivants presque morts, vagabonds sans adresse, rescapés de l'enfer. Je ne sais pas ce qu'ils ont vécu précisément. J'ose à peine l'imaginer. Mais ces yeux ! Des regards vides, hagards, paniqués parfois, vitreux souvent.

Depuis quelque temps, on cohabite avec l'horreur. Elle s'invite dans nos conversations. Auschwitz, Buchenwald, Dachau. Elle jaillit de la radio. Majdanek, Birkenau, Treblinka. Elle se pointe dans les journaux, dans la cour de récré, dans la queue chez le boucher. Ce qu'on entend sur les conditions de vie des déportés me brûle les oreilles et me donne envie de vomir.

Autour de moi, partout dans la gare, des mères, des filles, des sœurs et des tantes. Des fils, des voisins, des amis qui attendent. Devant nous, au début du quai, une femme pousse son landau en direction du train qui vient d'arriver. Elle accélère le pas, un enfant dans les bras, et se met à courir en direction des rescapés, en bouscule quelques-uns dans sa course. Ils pourraient se briser sous nos yeux. Tenant toujours son bébé, la femme se rue dans les bras d'un homme. Ou du moins ce qu'il en reste. Le landau vide trône sur le quai. Quatre grandes roues blanches et un couffin rectangulaire bleu marine. On doit s'y sentir bien. L'image d'Oradour-sur-Glane fuse soudain dans mon cerveau. Une flamme se met à ronger le métal du berceau. Les roues fondent, laissant apparaître le fer nu. Lentement, la poussette s'affaisse. Une odeur de brûlé s'en dégage. Le feu gagne petit à petit le couffin. Je secoue la tête pour chasser cette hallucination morbide. Dans l'église, les restes d'une poussette gisaient tristement à côté de l'autel, seules reliques de l'incendie. En mars dernier, nous avions rendu visite au chef du réseau Gallia, à deux pas de Limoges. Il avait insisté pour nous montrer le village martyr. « Que leurs bourreaux pourrissent en enfer. » Dans la maison de Dieu, trois cent cinquante femmes et enfants avaient été fusillés et emportés par les flammes. Ou plutôt par l'Allemagne nazie. Des mois après le feu, l'ensemble de la bâtisse sentait encore le brûlé. Depuis, l'atroce odeur n'a pas quitté mes narines.

Se rendre à la gare est devenu un rituel. Ma mère et moi empruntons le tunnel où j'ai entendu siffler *Auprès de ma blonde*. Et puis on attend. Comme tant d'autres, on attend. Il n'y a que ça à faire, en plus d'espérer. Lui aussi a peut-être transité par les camps ? Amaigri, faible, le visage creusé. À la maison, on n'ose même plus parler de lui. Ma mère évite le sujet, mais je la vois guetter la boîte aux lettres tous les jours, questionner les camarades à l'épicerie. Dans nos conversations, la simple évocation de son prénom crée un blanc insupportable. Seule Micheline ne semble pas saisir la gravité de la situation. Quand elle rentre d'un de ses séjours chez les bourgeois, elle demande des nouvelles, s'enquiert d'un éventuel rebondissement en son absence. Même si elle m'irrite, je lui suis reconnaissante, au fond. Sans ses questions innocentes, papa ne serait plus qu'un silence.

J'attrape le bras de ma mère et lui indique un homme sur le quai. Les traits fins, les cheveux marron foncé. Mais ses yeux sont bleus. J'ai cru discerner la finesse, le sourire, la gaieté d'une allure que l'horreur n'aurait pas réussi à gommer. « Papa ! », j'ai crié, avant de me rétracter. Maman s'est habituée à mes fausses alertes. Je me suis déjà méprise deux, trois, quatre fois peut-être. Elle ne réagit plus aussi vivement, maintenant, mais cela ne l'empêche pas de se mettre sur la pointe des pieds dès que je montre quelqu'un au loin. *Non, ce n'est pas lui.*

À la recherche d'informations, nous arpentons la foule, photo à l'appui. Un cliché assez récent de mon père, les cheveux plaqués vers l'arrière, menton relevé, regard fier, air malicieux. Il a ce sourire en coin que j'aime tant, comme s'il venait de jouer un mauvais tour. Je ne me sépare jamais de cette photo : quand nous ne sommes pas à la gare, elle trône sur ma table de chevet. « Avez-vous vu cet homme ? », demande ma mère aux revenants. Au mieux, un signe négatif de la tête, une phrase marmonnée. « Non, madame. Non. » Au pire un regard vide. « Il a été déporté en 1944... en Allemagne, l'avez-vous croisé ? C'est mon mari. » *Arrête, ils ne te répondront pas.* « Vous connaissez Michel Torrent, madame ? » *Arrête, ils n'en savent rien. Ils savent à peine comment ils s'appellent.* J'ai mal au ventre. Il va revenir, je le sais. Je le sens. S'il avait vraiment été déporté dans un camp, il s'en serait échappé en deux temps trois mouvements. C'est un malin, papa, je le sais. Je le sens.

Il doit sûrement nous préparer une surprise. Si ça se trouve, il nous attend à la maison. *J'ai tant de choses à te raconter, papa !* Entre la médaille d'or et la poignée de main avec de Gaulle, il ne va jamais me croire. « S'il m'arrive malheur, je compte sur toi pour veiller sur Micheline. Et sur ta mère. » Il m'a bien eue en fait. À tous les coups, il nous prépare un retour en grande pompe. C'est lui qui viendra nous chercher à la gare. Maman peut bien s'échiner, il a toujours un coup d'avance. Dans mon dos, j'entends la voix chargée d'espoir de ma mère :

— C'est vrai, vous l'avez vu ? C'est mon mari !

En face d'elle, un petit homme freluquet acquiesce, les yeux rivés sur la photo. Sa femme lui tient le bras, leurs enfants accrochés à eux.

— Oui, oui. On était ensemble dans le train. On a d'abord été débarqués à Auschwitz. Je me souviens bien de lui et de son accent du Sud. On avait sympathisé. Un type bien.

— Et puis ?

— Ils nous ont tatoués au même moment. Puis on nous a expédiés dans deux camps différents. Je crois qu'il est parti à Flossenbürg ensuite… Oui, c'est ça.

— Ils reviennent quand, les trains de Flossenbürg ?

— Ils ne reviennent plus, madame.

42

— Surtout, ne la touchez pas.

Le Dr Aubert se relève avec précaution. Il recule d'un pas, la main en l'air comme pour mettre en garde quiconque voudrait s'approcher. Retirant son stéthoscope, il se tourne vers ma mère.

— Elle souffre de ce que l'on appelle un choc du système nerveux.

Je compte les secondes depuis qu'il a terminé sa phrase. Je ne vois rien d'autre que le temps qui défile devant mes yeux. Rien à additionner. Juste, les secondes qui passent. Je me sens hors de mon corps. C'est comme si j'assistais à la scène depuis le plafond. Il y a moi, une adolescente recroquevillée sur le carrelage de la cuisine, contre le mur. Prostrée. Les traits tirés, les yeux grands ouverts. Autour, plusieurs adultes. Leurs paupières gonflées. Le silence. Et, au milieu de la pièce, un homme en blouse blanche.

— Docteur, je vous ai appelé en urgence. On ne savait pas quoi faire… je ne l'ai jamais vue comme ça.

— Vous avez bien fait, monsieur Torrent. Je vous avoue qu'en cette période ce n'est pas rare, même si ce n'est pas à prendre à la légère. Je ne suis pas inquiet, mais il va falloir être patient.

Mon grand-père demande au spécialiste plus de renseignements. Il se tient à quelques mètres de moi, mais sa voix me paraît très lointaine. Le visage de ma grand-mère, assise à la table, a repris des couleurs. Elle s'est arrêtée de pleurer. Entre ses ongles vernis, elle fait glisser les bords en dentelle de la nappe. Dans un sens, puis dans l'autre. Et elle recommence. Depuis plusieurs heures, pas un mot n'est sorti de sa bouche. Sur son épaule, la main de ma mère. Elle non plus ne perd pas un mot des paroles du médecin qui tente de les tranquilliser. Parfois, elle s'éponge les yeux avec un mouchoir.

— Mais docteur, comment je vais faire avec la petite, si la grande réagit comme ça ?

Il va falloir contacter la famille dans laquelle Micheline est placée depuis quelques semaines pour lui annoncer la nouvelle. Le Dr Aubert fait quelques suggestions mais rien ne parvient à traverser le brouillard qui nous enveloppe. C'est comme si elle ne l'entendait pas. C'est comme si je ne l'entendais pas. Non loin de nous, les tonneaux roulent avec fracas. Les ouvriers communiquent à coups de clé à molette sur la tuyauterie des entrepôts. Un coup pour *go*, deux pour *stop*. Je reconnais les sons. L'environnement m'est familier pourtant rien, dans ce tableau, n'a de sens pour moi. Que fait cet homme en blanc au milieu de la cuisine de mes grands-parents ? Pourquoi mon chemisier me colle au dos ?

— Je… je ne comprends pas. Elle n'a rien dit depuis que nous avons quitté la gare. Pas versé une larme. Cela va faire plus de quatre heures. Vous croyez qu'elle est devenue muette ?

— Non, j'en doute. Il s'agit d'un mécanisme de survie pour le cerveau de Josette, comme un court-circuit. Elle devrait revenir à elle au bout d'un moment. Quand ? Je ne sais pas, mais il faudra être là.

— Je ne sais même pas si elle a compris que Michel…

La voix de ma mère se brise.

Je prends appui sur mes jambes fragiles, pose une main sur le carrelage de la cuisine et me redresse péniblement. Le médecin me prend par le bras pour m'aider. Je m'avance lentement vers maman. Pourquoi semble-t-elle si inquiète ? C'est sûrement pour elle que le Dr Aubert est venu. Qu'attend-il pour lui prescrire quelque chose qui l'apaisera ? Je me tourne vers le spécialiste, lui souris poliment puis prends la main de ma mère.

— T'inquiète pas, papa va revenir, tu sais.

Elle tressaille. Mon grand-père pose une main sur sa bouche. Je m'approche de ma grand-mère aux doigts crispés sur la nappe.

— On fait du chocolat chaud, mamie ?

Mercredi 28 mars, 2018
Lycée Christian-Bourquin, Argelès-sur-Mer
12 h 12

— Vous avez eu un amoureux, madame ? demande Erwann.

— Je n'ai jamais vraiment été intéressée par les histoires de cœur, moi. Bon, à mon époque, on ne se posait pas la question du mariage. Ça se faisait, c'est tout. J'ai mené de belles études, je suis devenue secrétaire et sténodactylographe. Exécuter des tâches rapidement, prendre des notes, compter. J'avais été à bonne école avec la Résistance ! Normalement, on ne choisissait qu'une seule spécialité mais, moi, j'ai tout raflé. Après, j'ai travaillé à la préfecture de Perpignan.

— Et l'amoureux, alors ?

— Vous ne perdez pas le nord, vous ! Vers vingt ans, j'ai fini par rencontrer quelqu'un. Je me suis mariée et nous avons eu trois enfants. Quel boulot ! Je m'occupais absolument de tout. Leur coudre des vêtements, refaire les ourlets, reprendre les boutons. Les nourrir, les bercer, les border tous les trois. Les éduquer, en somme. J'étais leurs deux parents à moi toute seule. Mon mari était aux abonnés absents, et j'ai fini par divorcer. Autant vous dire que dans les années 1960, ce n'était pas monnaie courante.

Dans la classe, plus personne ne sourit.

— Faites pas cette tête ! Je peux vous assurer que c'était mieux ainsi. Et puis, on était enfin libres, c'était merveilleux.

— Libres comment ?

— Libres des Boches ! La France était libre. On faisait ce qu'on voulait. On partait en vacances à Canet-Plage, on emmenait les gosses à la montagne... Ça peut sembler anodin, mais quand vous avez vécu sous l'Occupation, que vous avez compté la moindre patate, que vous avez eu peur pour votre vie... la paix, vous en savourez le goût dans chaque chose.

— Mais alors vous étiez heureuse, là ? demande Irène.

Long silence dans la classe. La vieille dame hausse les épaules, marmonne quelques mots, puis soupire. Elle se sent presque agacée de ne pas savoir répondre par oui ou par non à une question aussi simple. Simple et pourtant vertigineuse.

— Je ne sais pas... dit-elle enfin. Non, pas vraiment. Enfin, si, peut-être. Comment dire... Ma vie s'est arrêtée en 1945, quand j'ai appris que je ne reverrais plus jamais mon père. J'ai continué parce qu'il le fallait, mais j'ai mené ma vie comme entre parenthèses. Mariage, enfants, travail, j'ai suivi le cursus attendu. Mais, en réalité, j'attendais qu'il revienne.

— Qui ?

— Mon père.

— Votre mère n'avait pas réussi à vous convaincre ?

— Non, j'étais persuadée qu'il allait rentrer à Perpignan. Ce n'était pas possible autrement. Pour moi, il était forcément quelque part entre l'Allemagne et la France. Il avait dû devenir amnésique, s'échapper d'un camp sans savoir où aller, se perdre, oublier notre adresse. Pendant des années, j'y ai cru dur comme fer. Je perdais complètement la boule. Aujourd'hui, on vous enverrait voir un psy pour moins que ça !

— Parce que vous étiez folle ?

— J'étais dans le déni complet. Je le voyais partout : dans la rue, en ville quand je promenais les enfants, au feu sur le trottoir d'en face. Je m'arrêtais. J'attendais qu'il se tourne... et ce n'était pas lui ! En plus, j'avais quasiment coupé les ponts avec tous ses copains résistants. Je ne voulais plus en entendre parler. Ils avaient beau me raconter comment mon père avait lutté, à quel point ils étaient tous fiers de la jeune fille que j'avais été, du rôle que j'avais joué, je refusais obstinément de les écouter. *Papa me racontera.*

— Madame Torrent ?

Le professeur d'histoire, resté silencieux depuis plus d'une heure, s'avance vers son invitée.

— Vous avez pourtant été médaillée ? On vous a décorée plusieurs fois, je crois.

— Quinze fois pour être précise.

— Vous êtes une héroïne, madame ! s'exclame Erwann dans un élan affectueux.

— Je n'ai fait que mon devoir.

L'affirmation résonne dans la salle comme une vérité historique qu'on aurait démontrée mille fois déjà. Les élèves voudraient lui prouver de toutes les manières possibles qu'elle se trompe. Qu'on a toujours le choix. Qu'à tout moment elle aurait pu faire machine arrière, changer d'avis, se ranger, faire attention. Dire non, être prudente, céder.

— Pour être exacte et compléter ma réponse, monsieur Sougné, en réalité, je n'ai demandé aucune décoration. On l'a fait pour moi. Je me suis laissée convaincre par un ancien camarade de mon père, Raoul Vignette, lui aussi résistant et déporté. Il a survécu aux camps puis est devenu journaliste. C'est lui qui m'a encouragée à faire reconnaître mon travail de résistante afin de partir à la retraite plus tôt... J'ai fait le dossier, et voilà.

— Voilà ? Ce n'est pas rien !

— Ma foi. J'ai obtenu ma carte de *Combattant volontaire de la Résistance* en 1983. Je n'avais toujours aucune envie de revenir sur cet épisode de ma vie, mais j'étais présente aux commémorations. Lors d'une des cérémonies, Raoul a insisté pour que je prenne la parole. Je ne me sentais pas prête du tout ! Ses copains et lui m'ont ensuite invitée à participer à leurs réunions d'anciens combattants. J'étais leur benjamine, j'ai été accueillie comme une petite sœur. Ils me disaient : « Josette, il faut que tu racontes ce que tu as fait ! Ce que ton père a fait. » Mais je restais muette.

— Ils sont encore vivants ?

— Les copains de papa ? Ils sont presque tous morts... Si vous saviez comme je m'en veux, maintenant ! Si j'avais saisi la main qu'ils me tendaient... Mais je ne pouvais pas. J'étais enfermée. C'était au-dessus de mes forces. Dès qu'on évoquait la Résistance, je me braquais. Il y a tant de choses que j'aurais voulu partager avec eux... Et, aujourd'hui, je suis la dernière.

— Mais alors, qu'est-ce qui vous a décidée à parler ?

Le début

La fumée du café danse au-dessus de la tasse. Elle tournoie un instant avant de disparaître. Fine, délicate, ronde. Elle n'a jamais aimé ça, ce goût amer qui lui reste en bouche des heures après la dernière gorgée. Elle se souvient des matins bretons où les provisions étaient si maigres que sa mère lui préparait une tasse de café avec du marc de la veille. On ne donne pas de café aux enfants, sauf quand on n'a plus grand-chose d'autre à leur donner. Malgré tout, elle a continué à en boire après la guerre. La force de l'habitude, sans doute.

Assise sur une chaise de la salle à manger, le dos tourné à la fenêtre, la sexagénaire laisse le temps s'égrener. Des années que le silence pèse sur ses journées. Depuis qu'elle est à la retraite, les occupations se font rares. La visite d'une petite-fille, l'appel expéditif de son fils, les courses du vendredi. Quant aux nuits, elles sont désormais rythmées par des douleurs lombaires. Par des cauchemars, aussi, contre lesquels n'existe aucun remède. « Portez la ceinture dorsale dès le réveil, madame Torrent. À votre âge, il faut faire attention à votre dos », avait prévenu le docteur. *À mon âge ?* Sa grand-mère est partie à plus de cent ans. Sa mère porte bien ses quatre-vingt-dix printemps. Dans la famille Torrent, on ne chouine pas.

Sur la nappe jaune pâle, *L'Indépendant* attend qu'on le feuillette. Il est arrivé dans sa boîte aux lettres en ce matin de février 1993.

Elle n'a jamais résilié son abonnement, même si elle ne trouve plus grand-chose à lire dans le journal local. En une, un portrait de François Mitterrand. « *Cohabitation : Le Premier ministre entend garder son poste après les législatives de mars.* » Il s'est exprimé à la télévision deux jours plus tôt pour confirmer qu'il resterait bien aux manettes du pouvoir exécutif, même en cas de défaite de la gauche. *Qu'importe*, pense-t-elle, *du moment que les fachos n'obtiennent aucun siège à l'Assemblée.*

En reposant sa tasse, elle sursaute sous l'effet d'une douleur qui pointe dans le bas de son dos. Le café détrempe les pages du journal. Coup de chaud pour Mitterrand ! Sous la une, apparaît en transparence l'article de la page suivante. Un nom attire soudain son regard. La photo d'une vieille plaque de rue que la dame connaît bien. Des lettres noires gravées dans la pierre ocre : *Rue Michel-Torrent*, puis au-dessous, la mention : *Martyr de la Résistance.* En regard, un second cliché, celui d'une plaque flambant neuve : la typographie blanche et moderne se détache sur un fond bleu roi. Le nom de la rue est le même. Mais la mention a disparu. L'article titre : *Centre historique de Perpignan : les plaques de rue remises à neuf.*

D'un geste brusque, elle attrape le journal imbibé de café encore brûlant et le déchire en lambeaux. Elle se lève et frappe du poing contre la table jusqu'à s'en faire mal. De toutes ses forces, elle tire sur la nappe, faisant valser à ses pieds les objets de porcelaine qui se fracassent dans un vacarme insupportable. Au creux de sa gorge, un son se forme et se met à enfler. Bientôt, c'est un terrible rugissement qui jaillit de son corps fragile. Un cri de rage qui libère enfin son cœur d'années de silence et de peine. Vacillant sur ses jambes sciées par le chagrin, elle se laisse doucement choir sur le carrelage glacé. Le sang pulse dans ses tempes, tandis qu'elle retient ses larmes. « Chez les Torrent, on ne pleure pas. » La consigne avait été claire. Ce sont les mots qu'il avait employés. Et elle croit entendre ce qu'il aurait pu ajouter s'il était revenu.

Tu ne pleureras pas. Pas à la mort des camarades, ni à celle de tes parents. Même si les générations s'éteignent en emportant parfois les plus proches. Tu feras en sorte que leur souvenir reste bien vivant. Tu le feras parce qu'avant toi d'autres se sont battus pour que tu puisses vivre aujourd'hui. Libre dans ce pays. Tu sais que certains ont oublié, fermé les yeux, voire collaboré, dénoncé, participé, prêté allégeance. Tu les connais. Mais il y a les autres, dont tu fais désormais partie. Ceux qui ont refusé, falsifié, dissimulé, menti, espionné, annoté, griffonné, transmis, répété, communiqué, enquêté, compati, coopéré, risqué, tué, souffert. Ces autres ont résisté. Et, pour leur rendre hommage, tu raconteras.

Tu raconteras chaque geste de chaque mission. Chaque mot de chaque courrier. Chaque angoisse lors de chaque épreuve. Tu raconteras les ordres et les consignes, les traîtres et les complices, les Louis et les Raoul. Ceux qui ont jalonné ta petite histoire et ont permis d'infléchir la trajectoire de la grande. Tu raconteras la noirceur et l'amertume d'une vie sous l'Occupation mais aussi le goût et les délices de la Résistance.

Raconter sera le seul moyen de trouver un sens à ton chagrin. Transmettre pour ne pas oublier. Répéter pour ne pas refaire. Tu feras du devoir de mémoire la nouvelle mission du reste de ta vie.

Alors, pour mener à bien cette immense tâche, la petite fille tendre qu'elle est restée à l'intérieur décroche le combiné du téléphone et compose le numéro d'un vieux camarade. Au bout de la troisième sonnerie, une voix s'élève :

— Allô ?

— Bonjour Raoul, c'est Josette. Je crois que je suis prête. Je suis prête à parler.

L'interlocuteur laisse passer une seconde avant de répondre.

— J'ai rendez-vous dans un collège demain. Tu viens ?

Épilogue

Michel Torrent a fait partie du convoi des tatoués le 27 avril 1944. Il avait 36 ans. Il portait le numéro 186479. Ces 1 653 hommes non juifs, en majorité des résistants, ont été tués dans le camp de Flossenbürg. Il n'a pas eu de sépulture propre sur laquelle ses proches auraient pu se recueillir. À titre posthume, Michel Torrent a été décoré de la Légion d'honneur, de la croix de guerre et de la médaille de la Résistance. Le maréchal Montgomery a remis à sa famille un certificat de reconnaissance de services rendus à l'Angleterre en mai 1946.

Thérèse Torrent-Colomines s'est vu décerner la médaille de la Résistance après avoir été l'une des responsables du Service médical de la Libération.

Pendant près de cinquante ans, Josette Forgues-Torrent n'a pas dit un mot de la Résistance ni de la mort de son père. En février 1993, dans un courrier adressé à la municipalité de Perpignan, elle a demandé la réfection de la plaque au nom de son père avec la mention « martyr de la Résistance ». Le 18 juin 1994, elle a rallumé la flamme sous l'Arc de triomphe. Elle était alors la benjamine de la Centurie, qui regroupe les cent plus jeunes combattants de l'intérieur. Lorsqu'elle a reçu sa première mission, le 1er septembre 1942, Josette avait 12 ans, 4 mois et 17 jours. Ce qui fait d'elle, à date, la plus jeune fille entrée dans la Résistance.

Josette Forgues-Torrent a été élevée au grade de chevalier de l'ordre national du Mérite en tant qu'ancien combattant en 2001 et au grade de chevalier de la Légion d'honneur en 2010, parmi quinze autres décorations. En 2023, Josette dirige toujours le concours départemental de la Résistance et de la Déportation, et décerne le prix aux jeunes lauréats. Depuis 1993, elle parcourt les écoles, collèges et lycées pour transmettre son histoire aux nouvelles générations et, nous dit-elle, « donner des clés indispensables à nos enfants car, sans passé, comment comprendre l'avenir ? »

Remerciements

Josette Forgues-Torrent

Je remercie Johanna et Olivier qui ont retranscrit aussi justement l'histoire de la jeune résistante que j'ai été et qui ont su me faire sortir de mon silence. Merci aussi à tous ceux qui m'ont aidée dans ce devoir de mémoire qui a été ma raison de vivre en mémoire de mon père Michel Torrent.

Merci à Pierre Chevalier, à mes camarades de l'Union Départementale des Associations de la Résistance et de la Déportation, ainsi qu'à Claude Sougné et les professeurs qui m'ont accueillie dans leurs établissements mais ont aussi ouvert leurs portes à l'UDARD pour le concours de la Résistance et de la Déportation.

Il m'est impossible d'oublier les anciens camarades de mon père qui m'ont soutenue et poussée à sortir de l'ombre. Une pensée émue pour Louis Place, Raoul Vignettes et pour Pierre Galan qui vient de nous quitter. Enfants de déportés nous étions frères de misère et luttions ensemble pour la mémoire de nos chers disparus.

Merci enfin à ma famille, ce livre représente une page de leur histoire à tous. C'est en souvenir de mon papa, votre aïeul, que je me suis investie dans ce devoir de mémoire qui pour moi est primordial si nous ne voulons pas que nos descendants aient à vivre ce que j'ai vécu.

Johanna Cincinatis et Olivier Montégut

Nous remercions Josette pour la vulnérabilité et la sincérité dont elle a fait preuve ainsi que la confiance qu'elle nous a accordée dès le premier jour. Nous remercions aussi Joselyne Camps, sa fille aînée, et son mari Gérald, qui ont pris un soin tout particulier à assurer nos échanges avec Josette et à organiser nos multiples venues à Perpignan. (Un chaleureux merci à notre hôte pyrénéen, Jo – ça ne s'invente pas – dont le foyer a été une grande source d'inspiration à un moment charnière de l'écriture).

Nous remercions aussi Mathieu qui a été à l'origine de ce projet de livre, mais aussi nos éditrices Pascaline, Caroline et Emmanuelle pour leur doux soutien et leur accompagnement. On ne pouvait pas rêver mieux, pour un premier ouvrage.

Nous remercions les paires d'yeux vigilants et bienveillants qui ont relu et corrigé notre travail, Leslie, Jeanne, Sarah, Marie-Françoise, Guillaume et Gilles. Merci aussi à nos proches, amies, amours et famille qui ont partagé la fierté de ce projet depuis qu'on leur en a fait l'annonce. Marion, Mathieu, Julia, Estelle, et celles et ceux dont on a imprimé les sourires à chaque fois qu'on leur partageait l'avancement du livre.

Olivier, je te remercie pour ton énergie, ta douceur, ton humour et ton optimisme sans faille. Tu es le meilleur partenaire de travail qui puisse être.

Johanna, j'ai trouvé en toi une amie et la meilleure « *partner in* plume », de notre podcast *Mesdames* à ce livre. À nos intenses moments d'écriture, de relecture, à nos heures de Zoom, nos collages de post-its sur les murs d'un cottage pyrénéen, à nos innombrables trajets jusqu'à Perpignan, à notre million de notes vocales, à la Star Academy, à nos fous rires. À tout ce qui est à venir.

Composé et édité par HarperCollins France

Achevé d'imprimer en France par CPI
en janvier 2024

Dépôt légal : avril 2023
N° d'impression : 178546

Pour limiter l'empreinte environnementale de ses livres, HarperCollins France s'engage à n'utiliser que du papier fabriqué à partir de bois provenant de forêts gérées durablement et de manière responsable.